POESIA REUNIDA
1965-1999
VOLUME 1

L&PM30ANOS

OBRAS DO AUTOR NA COLEÇÃO **L&PM** POCKET

Intervalo amoroso (vol. 153)
Poesia reunida: 1965-1999, volume 1 (vol. 376)
Poesia reunida: 1965-1999, volume 2 (vol. 377)

Affonso Romano de Sant'Anna

POESIA REUNIDA 1965-1999
VOLUME 1

www.lpm.com.br

L&PM POCKET

Coleção **L&PM** Pocket, vol. 376

Estes 2 volumes da Poesia completa de Affonso Romano de Sant'Anna foram baseados nos livros *Poesia Possível* (Editora Rocco, 1987), *O lado esquerdo do meu peito* (Editora Rocco, 1993) e *Textamentos* (Editora Rocco, 1999).

Primeira edição na Coleção **L&PM** POCKET: maio de 2004

capa: Ivan Pinheiro Machado
revisão: Jó Saldanha, Antônio Falcetta e Flávio Dotti Cesa

ISBN 85.254.1302-X

S232p   Sant'Anna, Affonso Romano, 1937-
          Poesia reunida: 1965-1999/ Affonso Romano
        Sant'Anna. -- Porto Alegre: L&PM, 2004.
          2 v. ;   18 cm. -- (L&PM Pocket)

          1.Literatura brasileira-Poesias. I.Título. II.Série.

                      CDD 869.91
                      CDU 821.134.3(81)-1

Catalogação elaborada por Izabel A. Merlo, CRB 10/329

© Affonso Romano de Sant'Anna, 2004
Todos os direitos desta edição reservados à L&PM Editores
Porto Alegre: Rua Comendador Coruja 314, loja 9 - 90220-180
           Floresta - RS / Fone: (0xx51) 3225.5777
www.lpm.com.br

Impresso no Brasil
2004

ABRINDO A LEITURA

Nestes dois volumes contendo oito livros de poemas de ARS, o leitor encontrará a trajetória poética de um autor que passou pelos diversos momentos da poesia brasileira entre 1950 e 1999, guardando sua individualidade e desenvolvendo sua obra como um projeto poético e existencial.

O primeiro livro, *Canto e palavra* (1965), já é a superação do falso dilema entre forma e conteúdo, formalismo e participação, que havia caracterizado a poesia daquela época, como se fossem "duas águas" inconciliáveis, de acordo com a imagem de João Cabral. Em *Poesia sobre poesia* (1975), conforme suas palavras, o autor realizou um acerto de contas com as vanguardas do Concretismo e Praxis, com quem dialogou, e de Tendência e Violão de Rua. É um livro desesperado, poesia para poetas, poesia-ensaio, poesia-manifesto, fundamental para se entender os dilemas da poesia na época, e nele ARS exorcisa o poeta que há dentro do crítico e teórico.

Já *A grande fala do índio guarani* (1978) não apenas retoma o poema longo, como estabelece um diálogo com a tradição poética que vem dos índios pré-colombianos até os nossos guaranis. Realizando uma "poesia planetária" como assinalou Tristão de Athayde, refaz um trajeto que vem de Gonçalves Dias e passa por *Macunaíma*, abordando os ásperos momentos da repressão política, social e estética. Por sinal, é dupla a luta deste poeta: contra a repressão formal e a repressão estética. Por isso, o seu discurso ainda se complementaria em *A catedral de Colônia* (1984), poema escrito quando lecionou em Colônia (Alemanha) e conviveu com vários exilados, reafirmando sua perplexidade diante da história e do tempo (dois de seus temas fundamentais), fundindo lembranças de sua infância nos trópicos com a história européia. Mas essa obra, no entanto, é precedida de *Que país é este?* (1980), livro-marco, que ajudou a enterrar a ditadura e a trazer à tona a poesia dos acontecimentos sociais. Lembre-se que ARS nos anos 80 estampou corajosos poemas nas páginas de política, compôs textos para a televisão, aceitando os desafios mediáticos de seu tempo. O que levou Wilson Martins a chamá-lo de "o poeta do nosso tempo" e "o mais brasileiro" de nossos poetas.

Os dois últimos livros, *O lado esquerdo do meu peito* (1992) e *Textamentos* (1999), têm uma certa unidade entre si. É como se o autor tivesse encerrado o ciclo dos longos poemas, voltado a uma poesia menos épica e mais intimista, onde Eros sobrepuja Tanatos. São livros de leitura mais direta, graças ao apuro a que chegou o autor depois de percorrer os tortuosos caminhos de nossa poesia nesses últimos cinqüenta anos.

Releva dizer, finalmente, para ficarmos apenas no espaço da poesia, sem nos alongarmos na área do ensaio, da crítica e da crônica, gêneros em que o autor tem notáveis contribuições, que ARS é um caso raro na poesia brasileira. Dela participa como poeta de repercussão nacional e internacional e como agente aglutinador. Além de estar presente em diversas antologias dentro e fora do país, tem participado de festivais internacionais na Irlanda, México, Canadá, Colômbia, Israel, Chile e Quebec; foi um dos articuladores da Semana Nacional de Poesia de Vanguarda (Belo Horizonte, 1963); foi editor do suplemento "Jornal de Poesia", do *Jornal do Brasil* (1973), que publicou pela primeira vez, na grande imprensa, jovens "poetas marginais" ao lado de Drummond e Vinícius; foi também o organizador da "Expoesia" (1973), evento que, em plena ditadura, reuniu seiscentos poetas e tornou visível uma nova geração, e, mais recentemente, realizando uma marcante gestão à frente da Biblioteca Nacional, foi o criador da sofisticada revista *Poesia sempre* pela qual foi responsável entre 1991 e 1996 propiciando que a criação poética atual brasileira dialogasse com a poesia que se faz em dezenas de outros países.

Os editores

Para Marina, poesia viva.

SUMÁRIO

Canto e Palavra (1965)

Canto e Palavra / 11

1 – *O Canto* / 14
    O corpo: definição / 14
        Corpo: anatomia do mito / 16
        Explicação do corpo / 17
        A solidão do corpo / 20
        A posse / 21
        O corpo nos esportes / 22
        A higiene do corpo / 23
        Louvor do corpo / 24
        O corpo procura sua contraparte definitiva / 25
        Os males do corpo / 26
        A morte do corpo / 27
    Poemas para a amiga / 29
    Poema-memória / 36
    O Mito / 45

2 – *A Palavra* / 49
    O Homem e o objeto / 49
    O Objeto corpo e outros exemplos / 57
        A Casa / 58
        O Edifício / 59
        A Sala / 60
        A Mesa / 61
        O Telefone / 62
        A Geladeira / 64
        O Automóvel / 65
        Relógio / 66
        W.C. / 68

3 – *Jornal de Poesia e/ou Violão de Rua* / 69
   Poema para Medgar Evers / 69
   Poema acumulativo / 72
   Poema para Garrincha / 77
   Poema para Marilyn Monroe / 79
   Poema da Guerra Fria / 81
   A pesca / 83
   Poema para Pedro Teixeira assassinado / 84
   Outubro / 87
   Pedra-poema à pedreira do Paraibuna / 89
   O muro, a flor, as bestas e a canção / 92

POESIA SOBRE POESIA (1975)

1 – *Poesia (inter)calada* / 98
   Empire State Building / 98
   Poema del mio Che / 103
   Colocação de bombas e pronomes / 105
   Notícias montadas na TV / 107
   Depoimento / 109
   Poema estatístico / 112
   Aritmética / 112
   Four letters words / 113
   For the time being / 114

2 – *O homem e a letra* / 116
   O homem e a letra / 116
   A morte cíclica da poesia, o mito do eterno retorno e outros problemas multinacionais / 124
   Poema didático em três níveis / 132
   Sou um dos 999.999 poetas do país / 144
   A educação do poeta e de outros hebreus na corte de Nabucodonosor / 148
   A letra e o tempo / 152
   O poeta realiza a teoria e a prática do soneto / 153
   Depois de ter experimentado todas as formas poéticas / 153
   Teorréias / 157
   O poeta se confessa enfastiado de sua profissão / 158
   O leitor e a letra / 162

Poema conceitual: teoria e prática / 167
Poesia indicial: o (des)emprego do poeta / 169

A Grande Fala do Índio Guarani (1978) / 174

1 – ONDE leria eu os poemas de meu tempo? / 175
2 – ONDE se inscreveria o excuso texto do meu tempo? / 177
3 – E a pergunta martela e pousa / 179
4 – ONDE e COMO, já que não sou QUEM / 181
5 – E a pergunta intestina de novo me deglute / 187
6 – Os poetas futuristas queriam queimar museus / 192
7 – ONDE leria o meu QUANDO? / 195
8 – Olho a cidade / 197
9 – Este poema tem seus descantes didáticos / 202
10 – Numa epístola anterior jogando a pedra / 205
11 – E os poetas escrevem. Como eu, os poetas / 208
12 – Os poetas chineses antigos se identificavam / 213
13 – Algumas vezes olhando o espelho / 216
14 – Por isto tornando ao ONDE através do QUANDO / 221
15 – Houve um tempo em que poesia havia / 227
16 – Releio o meu poema / 230

Que País É Este? (1980) / 234

Que país é este? / 234
Canção do exílio mais recente / 244
Como amor meu país / 248
Uma geração vai, outra geração vem / 251
Crônica dos anos 60 / 251
Rainer Maria Rilke e eu / 256
24 de agosto de 1954 / 257
Crônica policial / 258
Má consciência / 260
Gargantas e savanas / 262
A morte da baleia / 263
Só, na taba / 274
Índios meninos / 273
A arte de sonhar / 276

O burro, o menino e o Estado Novo / 278
O poeta e a família / 292
Um gambá na estrada / 295
Gymnasium / 296
Iniciação musical / 300
Jardim da infância / 302
Eros e Tanatos / 303
Mulher / 304
Metáforas do desamor / 310
Elaborando as perdas / 312
Amor: verso, reverso, converso / 314
Mônica / 318
As belas feras / 320
Limitações do flerte / 321
Ceia dos anos / 324
Poema tirado de uma enciclopédia de demonologia / 324
Patinho feio / 327
O anúncio e o amor / 328
Arte-final / 330
A não-história / 330
Mal de vista / 334
O homem e o livro / 336
As cartas de Mário de Andrade / 339
Poeta manqué / 343
Os poemas que não tenho escrito / 346

Sobre o Autor / 348

CANTO E PALAVRA (1965)

CANTO E PALAVRA

1

Todo homem é vário.
Vário e múltiplo. Eu sou
menos: sou um duplo
e me contento com o que sou.

Fosse meu nome *legião*,
meu destino talvez fosse
a fossa e o abismo onde
a vara de porcos se emborcou.

Não sou tantos, repito,
sou um duplo
e me contento com o que sou.

2

Sou primeiro o canto
e o que cantou
e só depois – palavra
e o que falou.

Meu corpo testifica este conflito
quando entre palavra e canto
não se perde ou se dissipa,
mas se afirma
e me redime.

O homem primeiro é o canto.
Só depois se organiza,
               se acrescenta,
               se articula,
se clareia de palavras
e dissipa o que são brumas.

Se o canto é o eu fluindo,
a palavra é o eu pensado.
Na palavra eu sempre guio,
mas no canto eu sou guiado.

O canto é o que atinjo
(ocultamente) sem me oferecer,
é quando, de repente,
eu me descubro
             – sem querer.

A palavra, ao contrário,
é o ato claro,
o talho e o atalho
             – no objeto,

embora seja como o corpo
um ser concreto
e como o mito
             – um ser incerto.

3

Quereis saber
como eu me faço
ou de mim como eu me quero?
é fácil:
        cultivo em mim os meus contrários
        e a síntese dos termos cultivo,
sabendo que o canto é *quando*
e a palavra é *onde,*
e que ela o ultrapassa
mais que o complementa.
E certo que o homem
embora sinta e pense,
        cante e fale
seus conflitos nunca vence,
é que eu tranqüilo me exponho,
em fala me traduzo,
em canto me componho:
pois um homem somente se organiza

e completo se apresenta
quando com seus contrários se acrescenta.

4

Difícil é demarcar
o limite, o dia, o instante
em que o homem
de seu canto se destaca.
O limite, o dia, o instante
em que o homem se desfaz
da imponderável música-novelo-e-ovo
e configura-se no gesso,
e do que era um *homem-canto*
emerge um *homem-texto*.

Difícil é dizer como e onde,
não o porquê.
Um dia a gente se observa,
           se admira,
mais que isto:
um dia o ser do homem todo o denuncia:
já não se flui
como fluía,
nem se esvai
como esvaía,
e do organismo informe e vago
emerge a vida organizada.

Nada se perdeu
nem jamais se perderia
neste homem que de novo se formou.
Algo duro nele se passa
e em seu trajeto se passou,
quando indo do canto à palavra
a si mesmo ultrapassou.

1 – O CANTO

O CORPO: DEFINIÇÃO

1

Um corpo não é fruto,
embora em tudo se assemelhem:
        densa forma,
        oculto gosto,
        cinco letras
        e um pressuposto
        poder de vida.

Um corpo é mais que um fruto
        que se plante,
        que se colha
        ou se degluta:

        um corpo
        é um corpo,
        e um corpo
        é luta.

Um corpo não é um potro,
embora assim se manifeste:
        pêlos mansos,
        membros ágeis,
        sal na boca
        e um desejo
        verde pelos campos.

Um corpo é mais que um potro
        que pelos prados
        e currais se dome:

        um corpo
        é um corpo,
        e um corpo
        é fome.

Nem chama
que se anule,
nem espada
em duplo gume
ou máquina
de estrume.

Um corpo
é mais que tudo:
mais que a chave,
mais que a fome,
mais que o leme,
mais que o açude.

Um corpo
é mais que tudo:
é a própria imagem
que eu não pude.

2

O corpo é onde
    é carne:

O corpo é onde
    há carne
    e o sangue
    é alarme.

O corpo é onde
    é chama:

o corpo é onde
    há chama
    e a brasa
    inflama.

O corpo é onde
    é luta:

o corpo é onde
    há luta

e o sangue
exulta.

O corpo é onde
   é cal:

o corpo é onde
   há cal
   e a dor
   é sal.

   O corpo
   é *onde*
   e a vida
   é *quando*.

CORPO: ANATOMIA DO MITO

Ferro e cálcio,
amor e calma,
iodo e ódio,
chumbo e dor.

Da cartilagem
ao osso,
do menino
ao moço
foi-se fazendo
a anatomia
desse corpo
– difícil e vária –
pois presume
a anatomia
do mito
e da animália.

O corpo
é meu mito
predileto,
a palavra
que mais uso

e objeto
mais completo.

Por isto,
domar o corpo
é seus mitos dominar,
é circunscrever os mitos
onde os mitos devem estar,
que no corpo é que se instalam
e se fazem alimentar.

Por isto,
que outros corpos
há que sempre conquistar,
pois um mito
a outro mito
sempre ajuda
a decifrar.

EXPLICAÇÃO DO CORPO
1

Corpo meu,
meu advento,
gesto único
e argumento,
trunfo, marco
e pensamento,
corpo
sólido instrumento
de viver e amar
e debater-me
inútil
contra o tempo.

Meu corpo sou eu mesmo:
sonho de planície
e salto sobre o abismo.
Me aceitou
quando de mim mesmo

eu não sabia,
me adubou
nos seus celeiros,
me aturou
nos seus desvelos,
me educou
nos seus deveres
até que de si mesmo
– maduro e inteiro –
eu despertei do sangue e gesso
e o conquistei como devia.

2

Ei-lo crescendo das retículas
a desatar molduras, liberto
de suas fraldas e fraudes
nas costuras das idades.
Corpo meu que eu mais amava
quanto mais crescia. Dilatações
gerais e extremas. Diárias
e serenas, mas, súbitas
quando em luz te amanhecias
e eu pressentia em tuas carnes
o defluir de novas senhas.

Ah, teu não fácil domínio,
relinchando em teus cercados.
Sei teus sobressaltos e urgências,
tuas secretas digestões e gulas,
por isto, te passeio nos jardins
e urbes, de mão em mão, de boca em boca,
conclamando olhares e aflição
                    – como se sombra.

3

Corpo meu, senhor meu
e desvairado amo,
onde pasto,
onde amo,

onde somente vivo,
que minha vida mais não é
que a soma de uns tantos corpos nus e possuídos,
embora
saiba que um corpo não se conhece apenas pela devassa,
que um corpo nu ou possuído
não é nunca um corpo conhecido.

Quem me amou, te amou primeiro,
por isto, sei te olhar contrito
quando te espraias ao sol
na tua esteira de paz,
enquanto orvalham-se teus poros
e és forma imóvel na areia.

Cada vez que eu te preparo
ungindo teus cabelos com óleo,
dando-te vinho em minha taça,
cobrindo-te em vestes claras,
te entregando ao dia e à noite
é como se eu cumprisse
o secreto ritual
de um deus pagão que subsiste
de meu corpo e outros corpos
                            – devorar.

4

Hoje
ele tão-somente
sustenta aquele que gerou
e que o sustenta
enquanto o tempo não findou.

Tempo virá
em que direi:
quando amavas,
como te amavam!
e amando
como te exaurias

e de novo em novo amor
as fontes refazias.

Tempo há para tudo,
eu sempre me dizia,
pois que havia o tempo a fecundar,
neste meu corpo
o fecundei como podia.

Contra o tempo não pudeste
como contigo não pude,
nem contigo puderam
os corpos que abrandaste.

Hoje o contemplo:
tranqüilo está e isento,
e segue calmo e atado
ao eu que eu sou,

como o caule
à flor que em si gerou,
como a concha
à ostra que ocultou,
como o leão
ao homem que o domou.

A SOLIDÃO DO CORPO

Na solidão,
o corpo pode gritar
ou fincar-se como um mastro,
que nem a dor e o alísio vento
lhe trarão de volta a chave.

Nada há de pélagos e escarpas
no cenho do que se esculpiu de trevas,
antes,
é liso e verde como um fruto inteiro.
Parece que dorme.
Há desalinho nos braços e cabelos.
                                As partes
despojadas sobre o branco pasto do lençol.

Parece de pedra
com sua andadura móvel nas calçadas
e um rosto opaco em meio às roupas.

Um corpo só,
é como fruto na pirâmide:
                     – não vinga.

Se queima em seus desertos
e arde suas dormências
mas não conhece reflexo.
                     É opaco
como se alheio às artimanhas nos telhados,
            aos veludos na calçada
    e alheio à luva sobre a chave.

Um corpo só,
é duro como a rocha
que não se penetra de espadas,
que não se penetra de falas,
que não se penetra de asas.

A um corpo só,
nem raios lhe abrem o riso,
nem seus cabelos dão ninhos.

Um corpo só
é quando amadurece a própria morte.

A POSSE

Sossega, meu potro, sossega
no curral de abraços que te domam.
Por que eriças tuas crinas para o cio?
Espera, as lunações perseguem os morros
e elas te darão com a luz, um pasto nu.

Quantas vezes cavalgaste para a posse
como quem para os rotundos
montes de feno, ruminando o sal e a dor?
quantas te deitaste sobre a presa
e te abateste inerte
                – como pedra ao chão?

Centauro.

    Mais que potro.

        Bípede
com flechas de fogo, céu e vento,
quantas vezes perdido por cabeleiras e bosques
não trouxeste das cavernas, senão visões de espanto?

Ondas de carne navegando lemes
onde as colinas das nádegas se alteiam
e os arcos dos braços, os búzios dos seios,
o trote das ancas se abate, se abate e se adentra.

Isto está como a raiz na terra,
    está como um badalo glandular de guizos,
isto está como um punhal de mel.

Findo o pasto
o corpo alteia-se
e é como se voltasse alquebrado pelas pedreiras do gozo
retalhado de varais e arreios.

E se isto foi monólogo,
a solidão tem seus teares
e como peixe e espinho
ela se afunda mais fugindo à tona.

A posse,
é quando o corpo se estremece em seus estrumes.

O CORPO NOS ESPORTES

Ei-lo:

    são e hercúleo nos esportes
    dominando os campos preparados,
    deus olímpico e inventor
    de anéis e piras, perseguindo lépido
    os cinco círculos e outros símbolos,
    numa sucessão de fugas e espirais.

Vestem-no as cores temporais
de um time, e ele as sua
e se exaure pelos músculos retintos
sob o sol, e sôfregos de tentos.
Peixe-espada, ei-lo cortando o cloro
e o sal com suas quilhas musculares.
No dorso indômito da sela,
curvo e veloz salta os varais.
Mão de ferro sobre os remos,
é uma alavanca marinha
que vaza o verde e fura o azul.
Há sarrafos e areias no obstáculo:
detono os músculos
e o corpo alteia-se como se lírica gaivota.

É o dardo zumbidor de ventos,
é a seta no gramado, é o disco
girador de esferas, é o cometa
que foge às mãos no lance
e fura recordes celestes sobre o chão.

Ou se a distância é imensa e plana
e no seu fim há areia, jamais se queima:
                                    – joga-se
e comete um arco espiralado
que salta a linha horizontal das varas
e espanta os íris da pupila alheia.

A HIGIENE DO CORPO

Toda manhã a barba
cresce sobre a face
da terra e do homem
pedindo o orvalho
            – e a navalha.
Presto, acordo a lâmina
e deslizo um óleo santo
sobre o imolado rosto da manhã.

Do chuveiro escorre a água
sobre as partes circundadas pela mão

alegre. Os poros se aliviam
descendo brancas bolhas perna abaixo.

É o banho: ritual aquático e diário
daquele que se purifica e matinal
desdobra as felpas da toalha
e sai ungido em veste pura.

Te vestirei com meu suor,
te banharei toda manhã,
te alimparei, te cuidarei
nas unhas e dentições.

Os teus pêlos polirei,
os teus fios cortarei
e como potro bravio
pelos pastos crescerei.

LOUVOR DO CORPO

Há-os mais destros, eu sei.
Mas com este
corto ao tempo exato o gesto escuso,
assalto a noite, cruzo as horas
e me fujo galopando em potros verdes.

Há-os mais fortes, eu sinto.
Mas com este
ataco, esquivo-me e agrido
como posso.
Com este parto para o embate
e com ele é que eu retorno
                            – se vencido.

Há-os mais amados, me dizem.
Mas este sabe <u>aonde</u>, e sabe como, e sabe quando
e nunca contaria
o que ouve e sente,
quando em seus leitos se entreabrem outros corpos
com segredos repentinos,
florações de ataque e paz.

Há-os mais belos, os vejo,
nos coloridos do bronze
e no esplendor de mil calçadas.
Mas este me vai como luva,
e o enfio inteiro nos abraços
e o retiro intato do espelho.

Há-os mais em tudo, e eu sei.
Mas deste é que eu me sirvo,
este é o que me deram,
este é o que alimento,
com este como, beijo e frutifico

e é com este que eu fecundo a própria morte.

O CORPO PROCURA SUA CONTRAPARTE DEFINITIVA

Não mais o encanto inesperado
– reservas diuturnamente surpresadas.
Este corpo me entrega a um encontro
mais difícil e prolongado,
um sublime em carne consumado,
sem pentecostes, ainda que crucificado
e por si mesmo salvo e restaurado.

Já não se compraz de fulvos predicados
embora verbo reencarnado,
nem se expõe à beira-lago.
Passou do inefável ao fato,
num transcurso inquebrantável.
Sua ceia, última e sempre repartida,
serve em delícia o que serve em
rubro e claro pão comunicado.
Uma autoceia, antropofágica
cena de auto-satisfação.

Já não se compraz de falas
sonoras e emergentes falos na aurora,
rompeu com o impuro, o falso,
com as falácias temporárias.

Contudo, mais belo, forte e prático
que nunca
jamais se governou tão firme
e se aceitou tão calmo,
nunca tão tranqüilo se pôs
dentro de seus poros.

Algo mais sutil dentro das veias
há que surpreender
num entreato. Pulsa no fôlego
um ritmo de tempo denso
vivido e condensado.

Tão pronto e apto,
tão refeito e exato
que não me surpreende
que um corpo assim
a si já não se baste.
Completo, em si, compete-lhe
agora completar-se além de,
transitá-lo de mim para alguém,
requer um transitivo corpo
onde atá-lo,
onde aprazê-lo,
onde alongá-lo.

Careço de um outro corpo
aberto e pronto,
como este fechado e denso,
um outro corpo onde parti-lo
e fecundá-lo.

OS MALES DO CORPO

Dizem, corpo,
que tens males, quando és chaga aberta
ou oculta sob os canteiros da carne.

Arrebentam-se roxas rosas, cravos pontiagudos
e as dálias são de pus.
Pende-se murcho o girassol que empalidece,

noturnas crateras cavadas surdamente
incham-se nos teus veios sob a terra, e os rios
ontem azuis, com sabor de água velha
teimam em umedecer a opaca pele enruguecida.

Vais perdendo as funções e cores,
vais largando as próprias partes pelos bisturis
que colhem de teus galhos - a vida
outrora-rosa que hoje é estrume.

A MORTE DO CORPO
1

Não sei se a morte é um mito apenas
ou aquele alfanje que corta as plantas
sobre a terra e as plantas deste corpo.

Mas tenho contra ela,
que é imprevisível no tempo
com seu tinir de correntes
e seu bater de terra no caixão.

Tenho contra ela, que aniquila
nós em nós e nós nos outros,
com seus ossos laminados
e retorcidos na memória.

Tenho que dizima os nossos mitos
quando dizima o mito-corpo,
e é completa em sua devassa de carnes,
e quando se afasta um passo
virá com pressa dobrada.

E mais: tenho que é mesquinha,
mais que medonha, em seu cortejo
de coroas, lágrimas e espinhos
pingando sobre o morto.
E seu ar roxo-cinzento,
      azul-marinho,
         crepusculento.

E tenho, enfim, que ela não está
por aí solta como qualquer mito-infante.
Está cá dentro, a sinto:
>enterrada na vida,
>agarrada com a vida,
>debruçada na vida,
>espiando a vida.

E o difícil é saber
onde começa uma e termina a outra,
onde
boca e cloaca
se confundem,
o que fazem aí na espreita
e o que pretendem de nós
                        – as duas.

2

Morituri mortuis
– digo ao corpo
              ali
morto
num sorriso de vermes.

Cada vez que eu te anoiteço
é como se fosse adeus.

Ontem vivo hoje morto
                    ali.

Não me conformo.
              Putrefacto.

Também o corpo
              doirado

da mulher na praia
hoje vivo amanhã morto.

Vivo o amanhã
de hoje cavando
com as unhas do cão

o osso que enterrarei
e penso no que te espera:

sarcófago de vermes e esquecimento,
ferragens vermelhas dos destroços,
sufocando-se no roxo dos cipós,
transbordando o amarelo das algas,
vazando borbotões de bala e aço.
E meu desejo era levar-te inteiro
ao fim que é teu. Estagnado, mas completo.
Frio, mas como és no espelho.

Tenho levado amigos ao cemitério
ao pôr-do-sol, em clarinetadas de adeus

          – e sei
que um homem não cabe inteiro num caixão:
há que sobrar para fora
     mãos aflitas,
     olhos noutros olhos,
     a voz alada,
     o gesto na memória.

Tenho levado amigos ao cemitério.
Um dia entrarei para nunca mais.
   Morituri
   Mortuis.

POEMAS PARA A AMIGA

"O amor com seus contrários se acrescenta" (Camões)

1

Tu sempre foste una
e sempre foste minha,
ainda quando a cor e a forma tua se fundiam
com outra forma e cor que tu não tinhas.

Por isto é que te falo de umas coisas
que não lembras
nem nunca lembrarias
de tais coisas entre mim e ti
ainda quando tu não me sabias

e dividida em outras te mostravas
e assim dispersa me ouvias.

Tu sempre foste uma
ainda quando o corpo teu
com outro corpo a sós se punha,
pois o que me tinhas a dar
a outro nunca o deste
e nunca o doarias.

Por isto é que eu te sinto
com tanta intimidade
e te possuo com tanta singeleza
desde quando recém-vinda
ostentavas nos teus olhos grande espanto
de quem não compreendia
a antiguidade desse amor que em mim fluía.

2

Eu sei quando te amo:
é quando com teu corpo eu me confundo,
não apenas nesta mistura de massa e forma,
mas quando na tua alma eu me introduzo
e sinto que meu sangue corre em ti,
e tudo que é teu corpo
não é que um corpo meu
que se alongou de mim.

Eu sei quando te amo:
é quando eu te apalpo e não te sinto,
e sinto que a mim mesmo então me abraço,
a mim,
que amo e sou um duplo,
eu mesmo
e o corpo teu pulsando em mim.

3

É tão natural
que eu te possua
e tão natural

que tu me tenhas,
que eu não me compreendo
um tempo houvesse
em que eu não te possuísse
ou possa haver um outro
em que eu não te tomaria.

Venhas como venhas,
é tão natural que a vida
em nossos corpos se conflua,
que eu já não me consinto
que de mim tu te abstenhas
ou que meu corpo te recuse
venhas quando venhas.

Quem jamais
ao amor se foi tão natural?
Quem jamais
do amor voltou tão natural?
Quem jamais
amou tão natural?

Já não há como
defender-se desse amor indefensável
ou como recusar-nos
esse amor irrecusável
que não traz outra opção,
que se afirma no teu corpo para ter-me
e necessita do meu corpo
para amar-te.

E de ser tão natural
que eu me extasie
ao contemplar-te,
e de ser tão natural
que eu te possua,
em mim já não há como extasiar-me
tanto a minha forma
se integrou na forma tua.

4

As vezes em que eu mais te amei
tu o não soubeste
e nunca o saberias.

Sozinho a sós contigo
em mim mesmo eu te criava
e em mim te possuía.

De onde vinhas nessas horas
em que inteira eu te envolvia,
nem eu mesmo o sei
e nunca o saberias.

Contudo, em paz
eu recebia o teu carinho,
compungido o recebia,
tranqüilo em meu silêncio
e tão tranqüilo e tão sozinho
que calmamente eu consentia:
– que ainda que muito me tardasse
mais ainda, um outro tanto, eu sempre esperaria.

5

Tanto mais eu te contemplo
tanto mais eu me absorvo
e me extasio.

Como te explicar
o que em teu corpo eu sinto,
o que em teus olhos vejo,
quando nua nos meus braços
nos meus olhos nua,
de novo eu te procuro
e no teu corpo vou-me achar?

Como te explicar
se em teu corpo eu me eternizo
e de onde e como
sendo eu pequeno e frágil
pelo amor me dualizo?

Tanto mais eu te possuo
tanto mais te tornas bela,
tanto mais me torno eu puro.

E à força, de tanto contemplar-te
e de querer-te tanto,
já pressinto que em mim mesmo
eu não me tenho,
mas de meu ser, ora vazio,

pouco a pouco fui mudando
para o teu ser de graça cheio.

6

Estás partindo de mim
e eu pressinto que me partes,
e partindo, em ti me vais levando,
como eu que fico
e em mim vou te criando.

Tanto mais tu me despedes
e te alongas,
tanto mais em mim vou te buscando
e me alongando,
tanto mais em mim vou te compondo
e com a lembrança de teu ser
me conformando.

Estás partindo de mim
e eu pressinto:
na verdade, há muito que partias,
há muito que eu consinto
que tu partas como um mito.

Mas não és a única que partes
nem eu o único que fico:
sei que juntos e contrários
nos partimos:
– pois tanto mais nos desencontros nos revemos,
tanto mais nas despedidas consentimos.

7

Estranho e duro amor
e o nosso amor, amante-amiga,
que não se farta de partir-se
e não se cansa de querer-se.
Amor
todo feito de distâncias necessárias
que te trazem
e de partidas sucessivas
que me levam.
Que espécie de amor
é esse amor que nos doamos
sem pensar e sem querer com tanto amor
e tão profundo magoar?

Estranho e duro amor
que não se basta
e de outros amores se socorre
e se compensa
e neste alheio compensar-se
nunca se alimenta,
mas se avilta e se desgasta.

>   Estranho amor,
>   ferino amor,
>   instável amor

feito sem muita paz,
com certo desengano
e um desconsolo prolongado.

Feito de promessas sem futuro
e de um presente de saudades.
Chorar tão dúbio amor,
quem há-de?

>   Estranho amor
>   e duro amor,
>   incerto amor,

que não te deu o instante que esperavas
e a mim me sobejou do que faltava.

8

Contemplo agora
o leito que vazio
se contempla.
Contemplo agora
o leito que vazio
em mim se estende
e se me aproximo
existe qualquer coisa
trescalando aroma em mim.

Onde o teu corpo, amante-amiga
onde o carinho
que compungido eu recebia
e aquela forma que tranqüila
ainda ontem descobrias?

Agora eu te diria
o quanto te agradeço o corpo teu
se o me dás ou se o me tomas,
e o recolhendo em mim,
em mim me vais colhendo,
como eu que tomo em ti
o que de ti me vais doando.

Eu muito te agradeço este teu corpo
quando nos leitos o estendias e o me davas,
às vezes, temerosa,
e, ofegante, às vezes,
e te agradeço ainda aquele instante (o percebeste)
em que extasiado ao contemplá-lo
em mim me conturbei
– (o percebeste) me aguardaste
e nos olhos te guardei.

Eu muito te agradeço, amante-amiga,
este teu corpo que com fúria eu possuía,
corpo que eu mais amava
quanto mais o via,

pequeno e manso enigma
que eu decifrei como podia.

Agora eu te diria
o que não soubeste
e nunca o saberias:
o que naquele instante eu te ofertava
nunca a mim eu já doara
e nunca o doaria.

Nele eu fui pousar
quando cansado e dúbio,
dele eu fui tomar
quando ofegante e rubro,
dele e nele eu revivia
e foi por ele que eu senti
a solidão e o amor
que em mim havia.

Teu corpo quando amava
me excedia,
e me excedendo
com o amor foi me envolvendo,
e nesse amor absorvente
de tal forma absorvendo,
que agora que o não tenho
não sei como permaneço nesta ausência
em que tuas formas se envolveram,
tanto o amor
e a forma do teu corpo
no meu corpo se inscreveram.

POEMA-MEMÓRIA

1

Deposito o corpo
na memória,
ali o deposito
em seu repouso,
e basta que eu me aproxime

e o solicite
que dele retiro estórias.

Vamos, corpo, inteire-se,
relate-me o que és
quando ser
é ser memória.

Quero lembrar, agora,
quero me abranger
e me integrar.
Vamos, corpo, que eu quero
o que em mim há.

É a ti que eu sempre volto
quando exangue de sentir
e acumular, necessito de repouso
e de fluir no teu lembrar.

Ah, corpo meu e senhor meu
memória inteira
que eu não posso recusar:
sou um homem que se escolhe
no que prefere lembrar,
já que não pude escolher
o que devia guardar.

Memória em carne e osso:
em que parte dessa massa
posso eu te situar?
em que nervos e tecidos
devo eu te confirmar?

Ah, que me aguças e me obrigas
a aceitar em mim
o que em mim mesmo quis negar.

Este corpo sabe estórias
que ninguém nunca saberá,
que ele as guarda
e as alimenta
para delas desfrutar.

Neste corpo há trajetórias
que ninguém vai penetrar,
trajetórias que eu descubro
para corporificar.

2

Sobre a memória abrirei
meu túnel longo e de metal regresso
onde hei de patinar lembranças
e ecoar remorsos.

Memória ou ponte sobre o tempo
onde o rio fluirá seus remos de-nem-sempre.
Como se destampa a casca de noz,
    se despolpa o dorso da fruta
  ou se destaca o fundo da. caixa.

Esse furo que a saúva faz no chão,
exatamente.
Um furo ou brecha sobre o tempo,
que furo lembra fuga e modos de fugir,
e eu me escôo neste esgoto
nunca imundo, não de fezes,
mas de passados perfumes e anéis
onde as flores pastejam mil corolas.

3

A memória fura o tempo
e na infância se placenta.
Ali o potro e a igreja
e um menino aberto em cruz,
infante e já sangrando
                    – gritos de fugir.

Nunca loiro menino,
mas delgado e esquivo
nos porões com as galinhas,
que ocultando ovos,
e cachorras
      que amamentam crias.

Nunca loiro menino
com lágrimas de seda,
no romper da linha
do desejo e papagaio.

O aquário sobre a mesa,
com o peixe ventre-branco revirado.

A lua olhada em lâmpadas
                    de água.

Menino menino,
como eu te amara
na retícula das fotos
se movesses o tênue de teu brim!

Querer um potro pequeno!
e o potro ali vermelho
em seu querer baldio.

Menino menino,
eu te persigo
nas flechas de teu vento
e trilha de teus pés,

e sei onde encontrar-te intato
quando de todos te apartavas
                          – é ali
ao pé da árvore copada.
E me sorris se eu me aproximo
e em tua mão me ofertas o que, hoje, eu sei,
já te nutria:
– favos silvestres de um futuro mel.

4

Memória, não eras – és.
Não te revivo – vives
pelas minhas mãos e meus sentidos.
És presente, eu te tateio
e, mais que isso, te recrio.
Estás nos meus domínios – te apascento.

Ouço a flauta de meu pai
que aos domingos...

Esta flauta, sabei-o,
não tem chaves nos dedos,
nem no tempo que é o estojo,
flauta e chave abrem-se de mim.

Não é a lembrança, repito,
é a flauta de meu pai
          – tocando em mim.

    5

Onde te pus, memória?
(relógio, meia, breviário.)
Não estás, percebo.
Estás alheia de mim.
Não te percebo
          – e tu vês.
O aquário e o potro
não estão na mesa e pasto,
vivem em mim. Em mim
que os tiro e os deposito
sobre a mesa
          – e pasto.

Memória: tu não existes.
Existe o fato, a cor, o trato,
e esses quadros no meu sangue
a pulsar moldura em mim.

    6

Memória: penetro em ti
como quem num quarto de dormir:

        paredes de cortiça,
        janelas trincadas,
        contra-asmático que sou.

Raparigas pelo leito em flor
vieram ontem, muito brancas...

Aqui dentro o tempo
nunca finda. Precipita-se
nos fusos da emoção.

7

Sou uma cidade de cem portas
por onde invade a infância
em diabices loiras. Sou um pátio
com cem pernas recreando-se no sol.

Não bem cidade, pois que sem muros.
Apenas portas sou
de ir
e vir,
e entre as ervas o limite é feito a cal.

Mas, nada disto,
nem mesmo porta,
senão o próprio potro em seu querer baldio.

8

Dois dragões sobre a planície imensa.

Contra o fado a fada não compete
e mil estrelas precipitam-se da infância.

Ó bela!
como adormecida dormes
nos meus bosques!

Existe um marulhar qualquer nos teus cabelos
imitando o arroio.

Ó bela!
são os beijos pelos bosques
esperando que despertes.

E como adormecida dormes
nos teus véus!

Mas unha longa
e dente fino
tem aquela que te trouxe o fruto e adormeceu.

9

Só no campo.

A memória vegetal dos troncos
                        trincados,
                        trançados,
e a epiderme dos cipós, casca
                        sobre
                        casca.

O talho da lâmina crava
o coração e a dor no lenho
enquanto a seiva se esvaindo
                        – só no campo.
Pedregulhos áridos.
                        Os cactos
têm memória.
                        Sol no campo.
Ali, a caveira e a flor medrando-se
dos ossos.

10

Nem mesmo branca. Cinza
é esta paisagem nula
em que os pés sabem do chão que pisam
e nunca do pisado.

Nem mesmo cinza.

                        Opaco.

O homem sem memória não chega a ser,
porque raiz nenhuma frutifica-se no espaço
e espada alguma sangra o ar.

11

Um rio esvai-se
e vence as margens,

pois que passa
e as margens ficam.

– Duas vezes?
– Não. Aqui se banha mais
e o rio é sempre o mesmo.

Um cachorro nada
margem a margem
aberta a boca,
recolhendo náufragos.
Cão que não se cansa,
margem a margem,
sobraçando quilhas e destroços.

12

No açude
sobrenadam os mortos da memória,
úmidos peixes de formol
        suando formicida,
com pulmões aguados sob a terra
de onde três vitórias-régias partem solitárias.

        Sobrenadam
        Sobrenadam

com quem cisne.
E trazem-me três flores abertas sobre os olhos.
São muito brancos
no lençol do açude.

        Sobrenadam
        Sobrenadam

e quando eu me afogar
hei de sufocá-los, não de lágrimas,
mas com as mesmas flores que me abrem agora.

13

São cinco amadas nos meus lábios,
cinco beijos momentâneos, cinco abraços
escorrendo pelas costas. Vivas e dependuradas
no cadafalso esquerdo do meu quarto.

Eis que dançam grinaldas e esperanças
e cada uma joga em mim o que mais amo:
a perna rósea, as ancas côncheas e os ademanes
verdes desses olhos ágeis recendendo orvalhos.

14

Isto já me sucedeu!
– Quando, Mr. Watson?
A tartaruga em sua casca,
      em suas leis medita dia e noite.
Ouço os zumbidos dos besouros
e abelhas sobre o mel
            – já tem três dias.
Ali, o peixe abana guelras
borbulhando acordes.
Na memória liquefeita
o martelar submarino de uma hélice
                       – faz um ano!

Anêmonas pingam-se dos cúmulos
e os cristais se liquefazem.

– Como? oh, Mr. Watson!
isto não tem tanto tempo,
foi agora, não vê?

15

Percebo agora os escaninhos da memória
e os gomos brancos da amnésia.

A retentiva aberta há muito,
desde que, quando, logo que
as conjunções do templo refloriram
                      – indelevelmente.

Assim o tempo criva os frutos
na fruteira escrava das manhãs de faraó.

– Quando se sazonam as messes
nesses cachos de ouro e sal?

– Nunca no tempo, não nos galhos,
mas na fricção dos dentes e metais.

Tinem relógios na torre
pela boca da noite
        indelevelmente,
diariamente
        criva-se no tempo
e se embriona em cada sol
o lamento matutino de mil galos.

O MITO

1

Para a gênese do mito
se dois corpos são precisos,
com um só melhor se faz,
pois entre os dois pés da gente
pode se dar o milagre
e da urina nasce a flor.

E eu falo do hermafrodita
capaz de sozinho e mudo
gerar um mito enorme.
Ele – o inabordável, que se oculta
chocando sua gravidez
nas bananeiras do quintal.
Ele – o glutão insustentável,
capaz de um mito à noitinha
e cinco no amanhecer.

2

Assentado estou na praça
pronto a erigir meu mito
– por fraqueza, orgulho e medo.
Será selvagem ou celeste?
Nem penso no adjetivo.

Não penso, pois sei que é parapeito,
corrente, galho e quebra-luz,
cabeça de avestruz na terra
e rodas de mal fugir.

Não penso, mas percebo:
a dificuldade do mito
nos vem do sol
que torra o mais das vezes
tudo que a noite engendra.

E a forma do mito é dúbia,
varia com a veleidade,
mas seu contorno se encaixa
como a paisagem nos olhos.

Ah, um mito em cada mão:
promissória, anel ou flor,
e iremos tão sorridentes
que ninguém compreenderá.

Mas um mito, irmão,
não se compra,
não se empresta,
não se determina.
Um mito
      – planta-se e dá.

3

O mito é tudo o que se põe no prato e come,
e o que se veste e o que se abre no presente
e na memória: o guarda-chuva é um mito preto.

O mito é andaime e osso.
Portanto, não duvideis
que do claro salte o escuro
e da espuma nasça a fala.

O mito é tudo o que se espera (é a espera)
como diria – esfera – na qual deitamos vida e olhar.
Mas uma esfera é fuga e modos de fugir
e o mito é o que ficar.

– Seria, então, granada e estrela?
– O mito é tudo que se planta, brilha e explode.

Portanto, não duvideis
que do claro salte o escuro
e da espuma nasça a fala,

que a abelha tira mel
da flor que tira mel
do estrume.

4

Sentado na pedra busco a solução
do mito no pasto como a ovelha
nas gramíneas e o pastor na ovelha;
e pronta a composição, descubro a flauta.

Um mito há de ser um boi de malhas
carregando a mansidão no capinzal,
pesadamente ruminando o sal e o sol
que o fez nascer das barras do curral.

Um mito se comporta como o pedregulho
sobre o chão: duro n'água e ao vento,
duro ao tempo e alheio às patas
da animália e da erosão.

O cupim que faz montões crê no seu grão
como a formiga ao transitar canais
descobre o inverno e soma o pão.

O mito é um cacto compacto e mesquinho,
que não definha ao sol e fere o focinho
e oculta a seiva nos espinhos.

Penso no mito e seu jeito vegetal de ser
caroço, umbigo, bicho e mineral
e pela flor dou meus três remos
e outros três se três houvera.

A flor – eterno mito aberto
sobre o galho, em plena boca. A flor,
que extingue-se da cor e do perfume
somente quando o jardineiro e o vento
colidem suas pétalas com o tempo.

5

Ah, o mito está no tempo aberto
como a flor e ele é a própria flor

despertando úmido de auroras
e a recolher-se murcho sobre a tarde.

O tempo é o mito sempiterno e mesmo mito,
viciado pelo uso e areia,
do qual se exige a cura do amor,
da fome e ruga.
Ele – o cabrito apedrejado
pela morte do jardim.
Ele – o cão raivoso, o paquiderme
que morde e esmaga logo,
ele – o escoadouro que depura e fere.

Por isto, faço ao tempo o meu pedido
agora que me é dado:
– ó boca, ensina-me o lugar
em que defecas nossas flores.

6

Diz-que o tempo é corcel
(corcel, mas sem pêlo, pura espuma
com patas que lhe demos pra fugir).

Diz-que o tempo é vagalhão
(vagalhão, mas de bruma e vento
a quem doamos preamar).

Diz-que o tempo é raio
(raio, mas de algodão, veludo branco
sem qualquer explicação).

E eu digo mais:
        ele é punhal sem cabo e ponta,
        triângulo da dissolução,
        campânula e redoma
        e calendário da emoção.

Hemos de dar-lhe sempre o que não tem,
chamá-lo por quem não é,
pois nós que o compomos, de nada mais sabemos,
nem quem somos (se é que somos),
e o ser do teorema é que encarrego ao tempo.

2 – A PALAVRA

O HOMEM E O OBJETO

1

Sou o guerreiro,
a palavra a seta,
o objeto a meta:

o guerreiro solta a seta
e no alvo se completa.

A palavra
é o corpo
onde vivo
em duplo aspecto.

A palavra
é o corpo
onde ostento
o que secreto.

A palavra
é o corpo
onde faço
o meu trajeto.

A palavra é como um mito
que se pode cultivar,

como a palavra também pode
num mito nos transformar,

como o mito é uma palavra
em que se pode encalhar.

Sou o guerreiro,
a palavra a seta,
o objeto a meta:
o guerreiro solta a seta
e no alvo se completa.

2

O branco
sobre
o branco
é branco.

O nada
sobre
o nada
é nada.

– Onde a palavra?
dispersa na boca?

– Ou ela está completa
ou então jamais está.

– Onde a palavra?
em repouso nos livros?

– Ou ela está na gente
ou a gente não está.

O branco
sobre
o branco
é branco.

O nada
sobre
o nada
é nada.

Se ela não está presente,
é que ausente ela está,
e quando algo se ausenta,
seu corpo se fragmenta
e se dissolve no ar.

Existe um percurso longo
que vai do homem ao objeto,
e o homem somente acerta

quando ele toma a palavra
e faz nela o seu trajeto.

3

Aquele objeto
é uma palavra
que eu possuo,

ele vibra
cá dentro
e seu contorno
eu construo.

E se tenho a palavra
o objeto eu concluo,
e o objeto
com a palavra
a si mesmo
retribuo.

Tendo palavra
e objeto,
me torno um homem concluso:
sou três faces de uma face,
três faces com o mesmo uso,
e nas palavras que faço,
no objeto que possuo
a mim mesmo perpetuo.

4

O objeto está-aí
como um morto contido
na sua forma tranqüilo.
No círculo da mão,
no porto seco onde a nave
possui calado enxuto.

Completo, mudo,
ouvidos lisos,
alheio ao dono
e à peste.

Está-aí e independe,
como antes da forma,
disperso nos elementos.

5

Mas nós dependemos
de nós, do outro, da sorte,
e mais: do objeto.

Ao contrário, ele se porta
sem pejar-se de gestos,
aguarda a posse, certo
que, ao contrário, nos possui.

Que envolve, subjuga,
com seu silêncio de coisa,
aperta, fura, consome
e se amolda colorido.

6

Aqui estava e o encontrei
postado no cômodo da vida.

Não repreendo nem tramo
contra tanta hegemonia.
Sirvo-me dele convicto
que um dia me alimparei.

E seja o nome que lhe dermos:
coisa, máquina ou pertence,
hora a hora se confirma
e se fixa nos gestos
seu domínio calmo e seco.

7

A mão existe e uma agonia
pelo objeto alheio
colocado tão próximo
ou distante, não importa.

A mão sub-reptícia
afunda na madrugada,

atraca sobre a coisa
e a coisa não se importa.

A obediência do dedo
à coisa, doma o corpo
e não raro tece grades.

A expressão é: subverte
com tal sistema de malhas
o olho e a mão que o deseja.

8

A gente se achegou
por necessidade
talhando pedra e barro.

A gente fez, o instrumento
maravilhado. Possuiu
sem atinar com o amarro.

A gente se deu ao objeto
quando ainda essencial
e com uso definido.

A gente se corrompeu:
homem e objetos placentados,
o homem saiu vencido.
O que de humano restou disto?
Ter objeto e ser objeto
– está aí toda a história.

9

Um fato novo se avulta,
se o homem toma o objeto
por uma nova ocular
e o contemplando na mesa
sente que ele é seu par.
       Seu par,
        seu sangue,
         seu filho
e que pulsa em suas veias
como no ventre materno

o feto pulsa intranqüilo.

E deste fato ressurge,
de novo, um fato concreto:
se o homem faz o objeto
o objeto é que o refaz.

E neste fazer-se duplo,
        momentâneo,
        eterno
        e duro,
sentindo nas próximas veias
transcorrer o próprio fruto,
o homem jamais se anula,
mas se aduba e se intumesce
como se dá com o casulo
se o bicho-da-seda o tece.

10

Tal faina é a do operário
perante o forno que o esperava:
constrói um tal objeto
que, em se fazendo, se gera.

E se os dois se contemplam
num gesto de amor latente,
homem e objeto se fundem
e se eternizam, de repente.

Portanto, o objeto
não somente está-aí,
é mais que *dado,* é *feito,*
por isto se cola à mão
e sai do peito.

11

Como o homem faz o objeto
e o objeto é que o completa,
num duplo esforço operário,

pode se dar que outro homem
inverta as regras do jogo

de modo mais que arbitrário
e transforme o que era homem
em menos-homem: objeto
donde extrai sangue e salário.

A luta, portanto, é dupla
e se reduz neste aspecto:
– contra o homem e seu domínio
e a escravidão do objeto.

No entanto, se o objeto
nos tece em torno a grade,
pode, ao contrário, tornar-se
a chave da liberdade.

E de repente nos livra
de um modo mais que completo,
e do que era um homem escravo
ressurge um homem arquiteto,
capaz de erguer seu destino
conforme o queira em projeto.

12

A coisa existe,
quando existe
       sobre a mesa
         ou na planície
um olho que a contempla.
Daí, nunca, em si
e por si própria subsiste,
mas no olho que a reveste
       – é que persiste.
E mais: não só a coisa,
       também o olho
       somente existe
       e se completa,
       se, de repente,
       a descobre:
       na espessura do gesso,
       na pauta sonora e fria
e no espaço da moldura.

Mas se o olho
com seu desprezo
           – a renega,
a coisa também se alheia,
e em si mesma se fecha
e mais se afunda:
que a coisa
somente existe
quando existe
uma outra coisa
que a fecunda.

A cor
não está
           – na cor.

Está
           – no olho
em luz e luto.

O gosto
não está
           – no fruto.

Está
           – na boca
que o deglute.

A alma
não está
           – na alma.

Está
           – no corpo
em plena luta.

– Onde a flor?
– Não na mesa
ou na planície,
mas no olho
           – que a avistou.

– Onde a cor?

– Não no arco,
mas no íris
da gota
 – que brilhou.

– Onde a dor?
– Não na faca,
mas nas vísceras
de sangue
 – que rasgou.

– Onde o amor?
– Não no outro,
mas em mim
que estou no outro
 – que me amou.

O OBJETO CORPO E OUTROS EXEMPLOS

1

Objeto é este corpo
que envolve e subjuga,
substantivo comum
transportando alegorias.

O corpo é este objeto,
necessário adjetivo,
estranho e menos nosso
que o menor de nossos sonhos.

Este corpo – objeto
não é meu, nem teu,
nem da morte, nem dos
demais pronomes de posse.

Da terra. E dela. A terra
que nos recebe quente,
aberta e bem-disposta.
Da terra e seus compostos.

Este objeto é da terra,
da terra que come a gente,
corpo e vida: ambivalência.
fruto e vida – são semente.

E afinal, seja o que for
a casca que nos reveste:
coisa, terra ou gramática,
desprezando a metafísica,

o corpo é peroração
de pai a filho (e a mãe),
e a alma não tem com o corpo
nada mais que a locação.

2. A CASA

A casa é como o corpo:
tijolo é célula
sob o reboco.

A casa imita o corpo
sendo abrigo temporal
de sangue, areia e cal.

E como o corpo do homem
no princípio, estava n'água
e veio criando patas
até se concretizar.

Como este corpo impingido
tem seus lugares escusos
tem seus cômodos despidos
e fechados de vergonha.

E como o corpo
é objeto oriundo
de duplo esforço conjunto
que se fecunda no espaço
e sobre o tempo se abre,

e quando se abre é bela
dando à luz, cortina e flor.

3. O EDIFÍCIO

Corpo, casa, edifício
se assemelham como irmãos
na altura, forma e medo
e em serem só – objetos.

Vejo um prédio
luzi-luzindo enorme
e tremo em meus
pilares e virtudes.

Lá, o que perverte o homem:
        cama e mesa,
        pão e mulher,
        amor e o teto
        que nos mantêm
                – superpostos.
Lá, o cadastro e o pijama.
                Lá
    a dívida e o modelo.
                Lá
    a máquina e a mecha
    de cabelo ao chão.
                Lá
    o corpo nu
    se é consultório.

A lã, a bala, a ironia,
a janela, o cimento, a traição,
a mulher X, o raio do outro
e os meios de ascensão
e os meios de cair
em si, na terra
        – e sobre o irmão.

Lá
  – o prédio:
        engenho agreste
        cubo de solidão.

4. A SALA

Pela porta atinjo a sala
de visitas e festejos,
de mortos emoldurados
e cinzeiros faladores.

A M P L A   c-a-l-m-a
luminosa

      E S P A C I A L

Cortinas
      que alçam vôos

V I D R O S

contornam mesas e
tapetes apascentados.

No sofá, a maçã
das ancas bem se assenta
e os tornozelos tecidos
no seu nylon se balançam.

Por aqui se entra,
come e sai. Se entra
como sai e nem sempre
a fala acaba bem.

Ali a eletrola – forma canora
com seus fios e cristais
correndo agulhas sobre os tímpanos
e nos sulcos em hi-fi.

Desta caixa saem notas
tridimensionais.
– Quereis um bolo vos dou.
– Quereis whisky vos trago.

Ali se vê TV.
As graças vindo rir
por competentes canais
na curva imagem do vídeo.

Como entram, ninguém sabe,
com seus anúncios e flashes
seus cowboys e mil teatros.

Aqui se passa a noite
nos assentos prediletos,
até que o sono abata a todos
ou a imagem a si se abata.

5. A MESA

Fui te cortar no vegetal,
fui te arrancar no mineral
e te compus como animal
que, nu, completa a sala.

Mesa: tábua funda e tábua rasa,
        onde renasço,
        onde meus punhos,
        onde meus garfos
e os ancestrais que eu sou
refletem em teu verniz
a mesma cicatriz.

Mesa: secura plana
        e lombo escravo.
Como arrastas para o círculo da fome
                das amizades
                e das cadeiras
                e pernas torneadas
                onde as redondas
                ancas intranqüilas
                bem se assentam!

        Bem te fez
ou mal te fez
a plaina que te fez
        lascou
do chão
        o pão
do homem

      – que te fez.

PAZ!

    gritam algures sobre a mesa

                GUERRA!

    gritam antes sobre a mesa:
                plana
                realeza
                em mármore esculpida
                mapa
                e hipódromo
                de bestas temporais.

Sobre ti debruço minhas carnes,
                meus cristais,
                punhos secos,
                moedas, catedrais
e atento o olhar
descubro em teu verniz
                o peso
                a imagem
                a cicatriz
deste meu corpo
que hoje é vivo e te contempla
e que amanhã
      – sustentarás ardendo em castiçais.

6. O TELEFONE

Dobrado sobre
o tronco preto,
ouvido e boca
vertidos sobre
vidro ou verniz
                – ficas
negro objeto
a caro custo
conseguido
                – ficas

morto encurvado
em quatro pontas,
garfo aberto
sustém boca
              – sobre
vidro ou verniz.

És telefone
de claro tilintar
campainha das distâncias.

Transmites
apelo e grito
do mineral e orgânico.

Insossa,
a mão que te apanha:
indicador volátil,
perfumado esmalte.

Sabes recursos
de levantar do linho
o corpo nu. De súbito
o outro toma-te e a porta
                        bate.

Aceitas
sorriso e cuspo
sem obstar,
graves promessas
em tom de amar.

Incômodo e mesquinho
por que não opinas?
Ficas ponto escuro
e frio estagnado
              sobre
vidro ou verniz.

Usam-te, eu sei,
pois não deturpas
e congelado
é teu falar.

7. A GELADEIRA

Clara de curvas
sobre ladrilhos,
perante a mesa
com tantos pés.

Fio trás fio
dentro de casa.

Água pedrada,
embranquiçada,
alaska ou sibéria
cremeagulado.

Contém:
fruto em verdura
entrecolhido
do campo em flor

dúzia de branco,
oval na casca,
gema na clara,

o branco ainda
sacado à teta
quente entre patas,

prato após prato
guardando almoço,
cerveja e alívio
escorrem fora.

– Fulano tem?
por que não temos?
à custa de,
apesar de,
graças à,

perante a visita
ergue-se o branco.

Puxa-te a mão,
a boca enorme
e clara se abre:

ao lado, acima,
embaixo, sobre,
junto, além de:

tirando pretexto,
calor e verão
pratico um poema
com preposição.

8. O AUTOMÓVEL

Da garagem o automóvel
tranqüilo e luzidio desponta
ponta a ponta
                        de esguio.

Faróis olhos
de gato pulam
curva acesa
virando cambalhota
estamos mortos.
Portas. Quantas?
Duas quatro porta-mala
aporta ao porto
não comporta.

RODAS

        correndo pegam
        pernas e bacias
        gritos e baque
        frio ao meio-fio
        num lençol de espanto.

AMAS

        abres-te noturno
        acolhes corpo e perfume

SOBES

        medo macio morros
          obscuro
          obsclaro

        balanço desnudo colo
        faróis murchos
            – desamas.

CONDUZES

    além do embrulho e
    o corpo apressado de hospital e cemitério

SURGES

Mudo e Macio. Coroado.
        Obscuro
        Obsclaro
para o além
        – conduzes.

9. RELÓGIO

Rei posto
    disposto
        – cá dentro
de um em um
de cinco em cinco
de hora em hora
        badalando
        pêndulos
        que doem.
Sinto teus socos
        solavancos
        palpitando
no oco das artérias
enquanto a movediça areia escoa-se
e as ampulhetas afundam-se em desertos.

Circular prisão de setas
circular prisão do sol
circular deglutidor
de quadrantes e estações

        RELÓGIO

Rei e olho
>   badalando
>   pêndulos
>   que doem

Na parede-caliça:
em placidez semimovente
detonando pássaros
>   desesperos
>   florações
>   e adeus-pra-sempre.

No pulso:
bomba premente
conferindo o galopar do sangue
nas cabeceiras da morte.

Na torre:
olhando altíssimo e redondo
– feitor de ferro dos infernos.

Na oficina:
desmantelam-se tuas rodas
pescadas pelas pinças
rebrilhando orifícios e rubis

enquanto a corda ou cobra
salta do ninho
>   e pasce.

RELÓGIO

Rei e olho
>   badalando
>   pêndulos
>   que doem.

Clepsidra
verde-azul
dentro da pele
onde o tempo é
dividendo, é

eixo, é mola, é
cascavel e fel.

Doirado sol
atado ao pulso
gnomom
e conjunção
de quando e onde

O alfa e o ômega,
de novo e sempre
nos recompomos
no mostrador.

Vazássemos
      – de súbito
o cristalino de tuas horas
com as setas dos ponteiros
e escorrerias
      – nunca mais
a eternidade em nosso sangue.

10. W.C.

És o fim
    da casa
    do homem
    do poema

    o derradeiro objeto
    do objeto derradeiro

Assentado
    ao canto curvo
    branco
    do cômodo
Aguardas
    incômodo
    intestino

Recebes
    mudo desnudo

>   o verbo integral
>   (boca aquática
>   escancarada)

Humilhado

>   mais que humilhante
>   és divisor geral
>   do bem do mal
>   botão ou corda
>   roam roam blog blog
>   blong roain
>   roamroam cháááiiimmm
>   linguagem
>   branca
>   again.

3 – JORNAL DE POESIA E/ OU VIOLÃO DE RUA

POEMA PARA MEDGAR EVERS

(Líder negro dos EUA assassinado à bala quando entrava à noite em sua casa)

1

Sound
Our
Soul

    – bell

Sound
Our
Soul

    – bell

Sound
Our

Soul

    – bell.

Em algum ponto do mundo é noite
e um homem negro tomba morto.

    KU
    KLUX
    KLAN

        – Alabama.

    KU
    KLUX
    KLAN

        – Aleluia.

2

  Negra
  noite
  oculta
a fala.

  Negro
  corpo
  oculta
a bala.

  Negro
  forro
é negro
  morto.

KU
KLUX
KLAN

    – Alabama

KU
KLUX
KLAN

    – Aleluia.

3

O Senhor é meu pastor
        HALLELLUIA! HALLELLUIA!
Mas um lobo me atacou
        HALLELLUIA! HALLELLUIA!
No vale da escura noite
        HALLELLUIA! HALLELLUIA!
Meu corpo se amortalhou
        HALLELLUIA! HALLELLUIA!
Sobre as taças do inimigo
        HALLELLUIA! HALLELLUIA!
O meu sangue transbordou
        HALLELLUIA! HALLELLUIA!
O senhor é meu pastor
        HALLELLUIA! HALLELLUIA!
Mas um branco me matou
        HALLELLUIA! HALLELLUIA!

    KU
    KLUX
    KLAN
        – Aleluia

    KU
    KLUX
    KLAN
        – Alabama.

4

No Alabama
é onde o homem é menos homem.
É onde o homem quando é branco
                – é lobo e homem

e o homem quando é negro
                – é lodo e lama.

No Alabama
um homem quando é negro

sabe que seu sangue porque é negro
                    – é drama

e cedo ou tarde pelas pedras
                    – se derrama.

No Alabama
é onde o homem é menos homem.
Dali é que nos chega
o sangue inscrito em telegrama.
Dali é que nos chega
um nome que era negro e escuro
e agora se transfunde em pura chama

>   KU
>   KLUX
>   KLAN

>   – Aleluia.

>   KU
>   KLUX
>   KLAN

>   – Alabama.

POEMA ACUMULATIVO

1

Este é o homem
e esta é a casa

>   – que o homem construiu.

Este é o trigo
>   – que está na casa
>   que o homem construiu.

Este é o rato
>   – que roeu o trigo
>   que está na casa
>   que o homem construiu.

Este é o gato
>   – que comeu o rato
>   que roeu o trigo
>   que está na casa
>   que o homem construiu.

Este é o cão
>   – que mordeu o gato
>   que comeu o rato
>   que roeu o trigo
>   que está na casa
>   que o homem construiu.

Esta é a vaca

>   – que chifrou o cão
>   que mordeu o gato
>   que comeu o rato
>   que roeu o trigo
>   que está na casa
>   que o homem construiu.

Esta é a moça

>   – que ordenhou a vaca
>   que chifrou o cão
>   que mordeu o gato
>   que comeu o rato
>   que roeu o trigo
>   que está na casa
>   que o homem construiu.

Este é o padre

>   – que casou o homem
>   que beijou a moça
>   que ordenhou a vaca
>   que chifrou o cão
>   que mordeu o gato
>   que comeu o rato
>   que roeu o trigo

        que está na casa
        que o homem construiu.

Este é o galo

> – que acordou o padre
> que casou o homem
> que beijou a moça
> que ordenhou a vaca
> que chifrou o cão
> que mordeu o gato
> que comeu o rato
> que roeu o trigo
> que está na casa
> que o homem construiu.

Este é o homem
que é dono do galo.
Se esse homem
é dono do galo

> – é dono do padre
> é dono da moça
> é dono da vaca
> é dono do cão
> é dono do gato
> é dono do rato
> é dono do trigo
> é dono da casa

esse homem
é dono do homem
e de tudo
que o homem construiu.

2

Qual o nome do homem
que é dono do homem?

Qual o nome do homem
que rói o osso do homem?

Qual o nome do homem
que arranha o corpo do homem?

Qual o nome do homem
que morde a carne do homem?

Qual o nome do homem
que ordenha o sangue do homem?

Este homem é homem
que a avareza construiu.

Este homem é homem
que a cobiça consumiu.

Este homem é homem
que a inveja seduziu.

Este homem é homem
que a preguiça produziu.

Este homem é homem
que a soberba recobriu.

Este homem é homem
que a gula deglutiu.

Este homem
não é um homem:

este homem é o homem
que no homem sucumbiu.

3

Se este é o homem
que é dono do homem,

como há de ser o homem
que tem um dono?

Este corpo é do (homem)
que tem um dono:

vejam como ele é dúbio
       como ele é manso

    como ele é escuro
Esta é a casa do (homem)
que tem um dono:

vejam como ela é triste
   como ela é pouca
   como ela é opaca.

Esta é a mulher do (homem)
que tem um dono:

vejam como ela é dura
   como ela é seca
   como ela é fraca.

Esta é a vida do (homem)
que tem um dono:

vejam como ela é plana
   como ela é curta
   como ela é chata.

   Corpo
   casa
   mulher
   e vida

não são do homem
se o homem tem um dono:

nada do que é seu é seu
e até mesmo do seu corpo
só é seu o seu suor.

Por isto, este homem
como o seu dono
não é também um homem:

   é um rato
   é um gato
   é um cão
   é a vaca.

Este homem, enfim,
não é um homem
– é o homem
que o homem destruiu.

POEMA PARA GARRINCHA

> "Garrincha é como a aragem
> Garrincha é como o vento"
>
> *(de um locutor do jogo Brasil x Chile no campeonato
> mundial de 1962, no Chile)*

AVE! GARRINCHA
Ave humana
    lépida
    discreta
pés de brisa
corpo dúbio
finta certa.

Garrincha é como a aragem
Garrincha é como o vento

que ora avança
    na cancha
com graça
    e elegância
e rebate
    o arremesso
e remata
    no peito
e rechaça
    a ameaça
da caça
    que o caça
e enfim a embaraça
no drible-trapaça
que a prostra no chão.

Pés de brisa
corpo dúbio
finta certa.

Garrincha é a ave
certa de seu vôo
Garrincha é a seta
certa de seu alvo
Garrincha é o homem
certo de sua meta.

Tendo as pernas curvas
e uma candura esquiva
no seu silêncio puro
a sua alma asinha
sabe sofrer na neve
o frio da andorinha.

Garrincha
     ave incontida
     e mal retida
     nas gaiolas
          do gramado.

Com endiabrados
dribles e disparos
com diabices raras
sobre a cancha

     avança
     a dança
     e pula
     e adula
     e açula

a alma do infeliz
que o perseguiu:
     parou
     pisou
     passou
     voltou
     driblou

>   chutou
>   – gol do Brasil!

Pés de brisa
corpo dúbio
finta certa
>   Garrincha doravante
>   é ave nacional.

POEMA PARA MARILYN MONROE

Nua e linda
>   loira e linda
>   linda e morta

>   Marilyn
>   Marilyn

>   Marilyn
>   Monroe.

Nua e linda
nasceu menina

nua e loira
fez-se folhinha

nua e linda
>   loira e linda
morreu sozinha.

É noite e silêncio
nos pensionatos
enquanto dorme
>   – Norma Jean.

É noite e silêncio
no quarto aceso
enquanto morre
>   – Marilyn.
Do antigo
mito sensual:

ancas e seios
olhos e boca

resta um corpo
enorme e loiro
lindo e frio
na memória.

Ninguém sabe
ou saberia
se a mão crispada
no fone
seria adeus
ou retorno.

Não mais
o amor sofrido
não mais
o ventre seco
de agonia
e solidão:

– vos deixo intacto
meu corpo inteiro

                        e parto

loira e linda
      linda e nua
            nua e morta

Marilyn
Marilyn

Marilyn
Monroe

Marilyn
Marilyn

Marilyn
morreu.

POEMA DA GUERRA FRIA

1

As flores
se abrem brandas
os peixes
deslizam mansos
as aves
revoam em paz.

No entanto,
tranqüilo e certo
o vôo oblíquo dos foguetes
                    – se oferece

tranqüilas e quentes
as bombas nos celeiros
                – mais se aquecem.

E já o pássaro
incauto e breve
foi retido no radar
e as nuvens com seus germes
                – se intumescem.

    Guerra fria
    sangue quente
    morte fria
        – de repente.

2

A mãe que deu à luz
não sabe que seu filho
              – nasceu num arsenal.

O pai que volta ao lar
não sabe que caminha
              – no próprio funeral.

E o menino no quintal

em vez do pássaro aguardado
enxerga a ave de metal
que lança a nuvem repentina
com sua morte universal.

3

Muitos já não dormem
e muitos já morreram
enquanto
4 homens confabulam sobre um muro
sobreposto em nossos ombros
        sobre o mundo
        duro muro
de onde fogem diariamente
famintos roedores de ouro e prata.

4 homens confabulam
enquanto montam guarda à geladeira
onde se ocultam arsenais:

        foguetes
        e aviões
        navios
        e canhões
        como peixes
        de olhos vivos
                – na espera dos sinais.

        Guerra fria
        sangue quente
        o mundo explode
                – de repente.

4

4 homens
confabulam
e o mundo inteiro se interroga em conjunção:

se súbito
as nervuras do radar

tremeluzirem o ataque
e o espanto na retina
se súbito
uma bomba descuidada
deflagrasse a nuvem
que extermina
se se esquecem
se endoidecem
se se apressam
se detonam
assim se extingue
assim se tinge
o caos de cinzas.

        Guerra fria
        morte quente
        a paz eterna
                  – de repente.

A PESCA

O anil
o anzol
o azul

o silêncio
o tempo
o peixe

a agulha
  vertical
  mergulha

a água
a linha
a espuma

o tempo
o peixe
o silêncio

a garganta
a âncora
o peixe

a boca
o arranco
o rasgão

aberta a água
aberta a chaga
aberto o anzol

aquelíneo
ágil-claro
estabanado

o peixe
a areia
o sol.

POEMA PARA PEDRO TEIXEIRA ASSASSINADO

1

Ontem, senzala.
      Hoje, cortiço.
Ontem, chibata.

      Hoje, fuzil.

Ontem, Quilombos.
      Hoje, Sapé.

O latifúndio, companheiro,
rói seu osso de Caim.

      Coronel
      fuzil
      e olho

      polícia
      pau

   e ferrolho.

O latifúndio, companheiro,
mói as fezes de seu fim.

2

   Do homem é a terra
   a terra e seus desertos
   e sobre o campo se estende
   o corpo do homem
         – e a fome.

   Cavei
   colhi
   perdi

   Marido
   campos
   e filhos

pés de estrume
mãos de esterco
somos todos, companheiros,
        húmus e homens, amém.

3

Cantou o galo uma vez
e Pedro foi de emboscada.

   Se escurecia
   noite adentro
   sobre seu corpo
   jorrando sangue.

Cantou o galo outra vez
e o filho sangrou-se à bala.

   Menino-ovelha
   adubo verde,
   sangue fresco
   em plantação.

Ronda o galo a casa aberta
de Pedro Teixeira morto.

> Uma viúva e seus filhos
> se espreitam na madrugada
> que amanhece em sangue e brasa.

4

Vai a noite
alta é

uma viúva em seu leito
arde desejos de sangue.

– Mulher, por que morreu teu marido
> com o corpo ferido?

– Moço, morreu ferido pelo inimigo
> porque sabia do seu caminho.

– Mulher, por que feriram teu filho
> na estrada de teu marido?

– Moço, feriram o menino
> porque seguia o caminho
> que vamos todos seguindo.

Desce o dia
longo é.
Uma viúva
ouvindo a voz do marido:
> "Vai mulher
> que a luta é"
desperta seus companheiros
e sai com a alba pelos campos.

5

Tu és pedra
Pedro Teixeira
e sobre ti levanto
esta bandeira.

Tu és brasa
Pedro Teixeira
e sobre ti já queima
esta fogueira.

Tu és guerra
Pedro Teixeira
e sobre ti cavamos
a trincheira.

OUTUBRO

1

Outubro
ou nada

ou tudo
ou sangue

outubro
ou tumba

outubro
ou pão

outubro
ou túnel
            – de emoção

2

Quando outubro,
caso queiras
ou não queiras, senador,
o homem
          – que não vês
já tem na boca
a palavra
          – que ele fez.

Quando outubro

caso deixes
ou não deixes, cardeal,
o homem
          – que não vês

já tem no olhar
a fé
          – no que ele fez.

Quando outubro
caso saibas
ou não saibas, general,
o homem
          – que não vês
já tem na mão
a arma
          – que ele fez

e sabe que outubro é quando
a lisonja tem suas bocas
e cria palavras dúbias
sobre os tímpanos do povo,

por isso que, quando outubro,
todo cuidado é pouco:
dou três toques no meu sino
e mando chamar meu povo.

3

Cuidado, presidente,
    – que outubro
             – é semente

Cuidado, ministro,
    – que outubro
        – é sinistro

Cuidado, congresso,
    – que outubro
             – é da Esso

Cuidado, cardeal,
— que outubro
— é fatal

Cuidado, operário,
— que outubro
— é salário

Cuidado, patrão,
— que outubro
— é lição

Cuidado, meu povo,
— que outubro
(eleição)
— é um ovo
que pomos
— com a mão.

PEDRA-POEMA À PEDREIRA DO PARAIBUNA

1

Dura pedreira
dura
do paraibuna
dura
altura dura
na curva asfáltica
da estrada.

Mole corre o rio
no ventre da natura:
azul líquido rolante
sobre pedras naturais
no céu canto constante
de aves horizontais.

Pedra nágua
sobre a estrada

pedreira
constante escura:

contra os cantos
contra os vôos
contra os ritos
de ternura.

Exata
de sombria investidura
tolhendo altura.

2

Enigma da ventura
do homem com ave e peixe
confundido.

De duas longitudes
dois sentidos
simultâneo
        sobre o espaço
        subaquático
simultâneo
      vôo
      e nado.

Progressão horizontal
à cata de canto
    de alimento
à cata de ternura.

Qualidade intrínseca do pássaro:
espicha-se em cima
sombra embaixo
sai do cano
cai da boca.

Virtude aquática do peixe:
borbulho sobre
morte em rede.

E a tessitura do homem?
Pés de barro
nuvens nolhos.

Tolhendo altura
tolhendo altura.

3

Considere-se
o vôo içado pelo medo
— cascata vítima do azul.
Some-se
à queda branca
do vôo não solfejado
pressentido
como o raio pressente
o estrondo
o rio pressente
a queda
em pedras
curvas.

O homem contra
o musgo úmido da pedra
premido pelas penas — asas
pelo latejo — guelras
pelos pés plenos de apelo
azul e barro.

4

O baque do pássaro
o baque do peixe
o baque do homem

grave sonido
contra a pedra
o baque

asa partida

garfo e marmita
guelra sem vida

e a gravidade eterna
das leis da pedra

tolhendo altura
tolhendo altura
tolhendo altura.

O MURO, A FLOR, AS BESTAS E A CANÇÃO

1. O MURO

Estranho muro que exala e transcende o tijolo e a caliça que nada divide porque depois de seu barro depois não há.

Aranha câncer muro grosso montanha de osso fosco contra o qual a mosca esbate e cansa.

Muro em tudo nos trancando em contração tolhe o gesto tapa a boca mas prospera em solidão.

Isto é ruína.

Isto é ruína
onde o cão urina
e o mofo cola é ruína
de baixo a cima
que não se sabe onde
começa ou culmina.

Dentro do tempo
o que é um muro
e o tempo deste muro?
dentro do muro
os tijolos que o compõem?
o muro: cal e areia
cumprindo o tempo
derruído e duro.

O tempo é este muro
contra o qual a multidão
se espreme exangue

multidão
multidão
multidão
    contra
           – o muro.

Uma geração vai
outra geração vem
e todos se aniquilam
    contra
           – o muro.

Mais uma no muro
se encurrala e escuta
a bala
a chaga
a erosão.

As bocas se entrecomem
e babam e choram
sua decomposição

muro mundo
infindo infundo

solidão
solidão
solidão
    contra
           – o muro.

2. A FLOR

A náusea decorre deste muro sobre a barba silvestre do profeta comida pelo gafanhoto que pensou seus fios fossem mel.

Tal é a geração vestida em flor multívaga estrela que sente entardecer.

Cinco pétalas
haste da semente
estranha verde pura
em cada continente.

Abre-se a flor na madrugada
Ouve como explode a própria cor!
E adulta como nenhuma o fora
em sua juventude.

Se pensa. Flor se pensa
perde a esperança
e ganha inquietude.

Ser flor e estrela
última da espécie
sobre o muro.

Seca acaba a flor
sempre viva e dura
amarelo o horror.

3. AS BESTAS

No espaço que comporta o muro quatro bestas estudam um um mapa. O que entende a besta de uma carta senão dos pastos onde come e urina?

Quatro bestas juntas enigma plantado nos focinhos conjecturam. (As bestas sobre o mapa são terríveis.) O que entende a besta de uma flor e a esperança de se abrir? O que entende a besta já que as narinas são afeitas ao fungo e aos estercos de planície?

Os cascos pasmam a flor que irrompida ao largo é desamparo entre a animália e engolem as pontas desta carta e se entrecomem até às fezes.

E voltam às conjecturas entrebufando sobre as pétalas lambendo-lhes a corola. Mas o sabor lhes comove o vago estômago e logo vomitam o mapa. E se contorcem e nunca dormem.

As bestas sobre o mapa são terríveis!

4. A CANÇÃO

Me assento
sobre a pedra
deste muro
e conjecturo.

Em vão procuro a flauta
junto à flor procuro
a flauta e uma canção

amarga. Amargo
é o fel que lava o muro.

Solidão
Solidão
Solidão
      – de muro

que se sabe ao fim
e mais não se estremece
a não ser para cair
num tombo seco de ruína.

O muro
a flor
a besta
e agora esta canção.

A flor queria germinar sementes e perpetrar espécie.
A flor queria transplantar raízes e fecundar abrolhos.
No entanto se consome pois que assim é o fim do muro

muro mundo
infindo infundo.

Sei que esta flor
não dura outra estação
sei que esta canção
não comove ao menos
a pedra em que me assento

sei que este instrumento

não pode outra canção
que o muro súbito
se explode dissolvendo

o mapa
a besta
a flor
e esta canção.

Mas que entende um muro
de uma canção senão
do lodo e lesmas
que lhe cobrem o pêlo?

Dois cogumelos explodiram
nos meus olhos
sobre a flor:
bombas de aturo
sobre o muro.

Mais não conjecturo.
Aguardo o escuro
ao pé do muro
e solidão na solidão
mudo engulo
flor e canção.

POESIA SOBRE POESIA (1975)

"É estranho que tão poucos deles (os críticos) percebam que se faz poesia por necessidade. A maior parte parece supor que se escreve para imitar Mallarme ou filiar-se a uma escola literária. A poesia não é uma atividade literária, e sim vital."

WALLACE STEVENS

"... o professor devia escrever um romance!
– Não poderia! saltou o professor, aí é que está! não poderia, exclamou penoso, não poderia porque tenho todas as soluções! já sei como resolver tudo! não sei como sair desse impasse! para tudo, disse ele abrindo os braços em perplexidade, para tudo eu sei uma resposta!"

CLARICE LISPECTOR

1 – POESIA (INTER) CALADA

EMPIRE STATE BUILDING

I

> *O poeta pede ao seu guia que o conduza ao topo do edifício, passando pelo inferno de Wall Street*

1. O leão, o leopardo, a loba
não estavam na entrada da cidade
embora eu penetrasse pelo Harlem.

Uma barca, meu guia, uma barca, *yellow cab*,
para cruzar o breu do lago!

A ilha está cercada de azul nos lados
como em cima
e tem uma cruz de extremo a extremo.

Ao *top*, ao *top*, guia meu,
vencendo os ciclos e espirais,
ao *top* do *tallest building ever built by man!*

Já conheço os pecados e os capitais
que se acumulam neste monte,
de simonias à vaidade
conheço os ciclos desta moradia
de francescas, ugolinos e gregórios,
– poupai-me, guia meu, rever o mal!

2. Conduzi-me de onde possa ver,
sim, de lá, 1.472 *feet* ou 448 metros de altura,
devia ser por aqui, subindo por três elevadores
que se revezam,
que eu atingiria o paraíso,
mas a Dama e sua carruagem brilhante não estavam no portal,
e aqui o que eleva também abaixa
e se eleva, se eleva para mostrar maior, mais ampla, horizontal,
chata, chã, humana e plana
esta Santa Jerusalém e Meca concretada.

3. *Midnight.*
More than 125.000.000 beam candel power shines on
      [the top of world's tallest building,
navios podem ser vistos 40 milhas no mar,
mais de 2.000.000 kilowats horas usados por mês,
72 elevadores operando, correndo 600 a 1.200 *feet* p/minuto,
      [*7 miles shaft,*
3.500 milhas de fios telefônicos,
6.500 janelas,
1.860 degraus desde o solo até o 11º andar,
toneladas de aço suficiente para ligar Baltimore – New York
ida e volta,
um milhão de visitantes por mês,
uma das oito maravilhas do mundo,
– a única construída no séc. XX,
neve e chuva podem ser vistas caindo lá de cima,
a chuva, às vezes, é vermelha.

4. Do *top,* do *topest,* do *topless*
procuro meu tipo inesquecível,
o observatório está no 102º
on fine days one can see the surrounding country for distances
up to 50 miles,
mas como os dias de hoje são nebulosos
Wirklich, ich lebe in finsteren Zeiten
(e vivemos numa época escura)
a vista não vai muito longe.

Babel; Babel, Babel,
muitas línguas ouvi lá em cima.
Entendi-as todas, babel inversa,
– no *bedrocks* procurei o nome do arquiteto
        – não achei.

II

O poeta mede a altura do edifício

Este edifício é tão alto
que se vê o Hudson e o East River circulando,
embora não se leia o nome dos cargueiros
nem se saiba o que e quem transportam.

É tão alto
que até o estrangeiro lá em cima se orgulha com orgulho alheio,
mas não é tão alto que nos possa esconder
dos cogumelos e outros derivados da cozinha atômica.

É mais alto que as pirâmides de Tikal,
mais alto que as da Lua e do Sol em Teotihuacan,
mais alto que a crueldade de Assurbanipal,
mas não tão alto que se vejam
os barranqueiros do São Francisco pelas beiras se esfaimando.

Este edifício é muito alto.
É mais alto que as sequóias
embora algumas delas estejam por dois mil anos se alongando.

É mais alto que todos os morros ao redor de minha infância,
é tão alto quanto os himalaias nas escolas,
mas não é mais alto que o pulo de seus primeiros suicidas.

É tão alto
como a morte do bonzo se queimando,
é tão alto
como os olhos da menina de Oklahoma,
é tão alto
como a bala da emboscada em Cananéia.

Mas o túnel de um guerrilheiro é mais alto ainda
e os aviões que voam Napalm
não voam mais alto que seus elevadores.

É muito alto este edifício.
Tão alto que vejo as ruas por que vim
embora não veja quem perde/ganha nos corredores de
[Wall Street.
Mas ouço minha amiga, seu sotaque é alemão.
Daqui sequer vejo Auschwitz.

Este edifício, não resta dúvida:
é o mais alto. O mais alto do mundo,
talvez,
o mais alto-talvez do mundo
o mais alto do mundo-talvez,

este edifício é um concreto-talvez,
o mais concreto-talvez do mundo,
o concreto mundo,
o mundo mais
ou menos
      talvez,
o *tallest* do mundo
o pênis maior do mundo.
Este edifício
o mais edifício
edifício entre edifícios,
edifício dentro de edifícios,
edificientíssimo.

III

O poeta se orienta lá de cima

Já que esta ilha é uma cruz,
vereis do lado esquerdo superior deste calvário
o Harlem. Aí não vos deveis fixar por demais os olhos
a menos que sofrais de daltonismos ancestrais.
Há a George Washington Bridge
por onde do sul vieram os negros
e os cães ladrando atrás.

Mais luminoso é o Times Square
e a Broadway, palco sem gambiarras
onde performam nossos dramas triviais.
Desta parte esquerda da cruz
é a que mais noticiam os jornais:

Columbia University, Rockefeller Center,
– seu pátio, bares e patins de inverno
o sujo sangue no Central Park
o Yankee Stadium onde se agrupam os deuses pagãos
                      [das olimpíadas anuais.

O que encontrais de Jerônimo Bosch e Dali nos *subways*
são as perdidas amostras do que não vereis no
                [New York e Metropolitan Museum.

Do lado esquerdo, sempre sinistra,
encontrareis a Cathedral of St. John the Divine
para que se abriguem quando cansados deste mundo atroz,
       /que este mundo está condenado, que este
      / mundo está perdido, que este mundo, meu
      /Deus, se afogou em trevas e *la vida es*
      /*sueño y los sueños sueños son e todo se*
      / *vuelve en tierra, en humo, en polvo en*
      /*sombra, en nada.*

Podeis olhar agora ao lado direito superior
que chamaríamos também nordeste desta cruz
aquém dos beberibes e dos ossários gerais:
uma mosca helicóptera pousa no terraço da Panam
como mosca alguma pousa no pudim da *lady* no
                                      [Waldorf Astoria
Queensboro Bridge hipotaxis, parataxis ligando sujeitos
                                            [e objetos
carreando complementos e sentenças.
A beira-rio, beira-vida, Nações Unidas, beira-morte erigida.
E porque isto é um crucifixo, há sempre uma catedral
em qualquer dos ângulos que mirais: aquela é St. John
                                            [Patrick's Cathedral
de onde se abençoam canhões que daqui não escutais.

Ao sul direito do cruzeiro
o corpo de um morto pousa no Kennedy Airport.
Há a Manhattan Bridge para novas fugas
e o Wall Street Area
onde se resolve a vida de um jovem em Tanganica,
                                            [Taubaté e Don Xá
e quantos guerrilheiros diariamente se colhem na safra
                                            [do *stock exchange.*

Ainda ao sul, para que poucos vejam
a Chinatown, já sem mistérios de Charlie Chan, quase
se liga ao Greenwich Village.
Aqui os novos bárbaros em hordas se confragam,
vândalos barbados, delicados tártaros, godos sonolentos,
suevos deserdados, contemplando da toca verde

os muros imperiais dessa metrópole que não ousam derrubar.
A Liberdade nesta direção,
só a custo se vê nos dias sem neblina,
mas ela está lá, de pedra ilhada e tocha em cima.

Outras coisas por certo inda veríeis ou vereis
com melhor mapa, vista e guia.

Aqui estou, 448 metros de altura,
com alguns dias de jejum e tentações nos ouvidos.
Daqui posso confortavelmente
ver os mísseis que virão do outro lado,
alguns passarão junto aos meus ombros,
serei o primeiro a vê-los, nunca a noticiá-los.

E quando este edifício ruir,
por estar onde estou,
serei,
      certamente
           – o último a cair.

POEMA DEL MIO CHE

Cantar Primeiro:

Mio Cid movió de Havana para el burgo de Higueras
e así dexa sus palacios yermos e desheredados.

– Quien quiere comigo cercar Valencia?
ia El Che no Rocinonte pelas estradas.

> Pernas flácidas,
> pulmões cansados
> e uma vontade trabalhada
> com deleite de artesão.
> Nada mudou em essência.

El Che, en tierra de moros prendiendo e ganando,
durmiendo los dias e las noches trasnochando
en ganar aquellas villas, El Che, duró tres años.

– Quien quiere comigo conquistar Valencia?
dizia El Che campeador muy leal,

enquanto as gralhas
alheias à firmeza de sua fé/espada
no céu seguiam direção contrária.

Mio Cid no pudo rechazar el mal aguero:
e com seus pares
desceu irrefreável para o desfiladeiro final de Roncesvalles...

Cantar Segundo:

Ai, como caíram os valerosos no meio da peleja!
Não os anuncieis em Gates
nem o publiqueis nas ruas de Asquelon,
para que não se alegrem as casas dos filisteus
nem saltem de contentamento as filhas dos incircuncisos.

Rasgai ante vossos vestidos como o Rei,
cobrindo-vos de saco e cinza,
porque foi abatido aquele que era o ornamento dos exércitos.
Absalão, Absalão, meu filho, Absalão,
antes morrera eu em teu lugar, Absalão,
Absalão, meu filho.

Uma cidadela após outra cidadela
ele as abandonava depois de as conquistar,
como ao amante importa a amada por amar,
ao artesão a obra a acabar,
cidadela sobre cidadela
ele impunha a paz e caminhava.
Suas mãos outrora firmes com a espada
e doces no trato com as mulheres
arrojadas e profanadas caíram pelos campos
e seus dedos servem de pasto às aves do deserto.

E vós, montes de Higueras e matas do Grande Vale da
                              [Sombra da Morte,
nem orvalho nem chuva caíam sobre vós,
porque aí
    desprezivelmente
            foi arrojado o escudo dos valentes.
Ai, como caem os valerosos no meio da peleja!

Cantar Terceiro:

Dizem que vinha cansado em uma mula, já às portas da cidade
com o escudo meio de lado.
– Hosana! Hosana, Bendito aquele que vem em nome do Senhor!

Tardiamente, agora, pelo chão lançamos palmas
para que passe aquele que
                vivo, tiveram que ferir,
                ferido, tiveram que matar,
                morto, tiveram que ocultar,
                oculto, em cinzas transformar.

Passado es deste sieglo El Che campeador
e en este logar se acaba esta razón
y, el juglar, su poema.
Mas das pedras ásperas de Roncesvalles
às areias cálidas de Alcácer-Quibir,
às matas ralas de Valle Grande

ecoa estranha voz
que as gralhas já não podem disfarçar:

        O REI HÁ DE VOLTAR
        O REI HÁ DE VOLTAR
        O REI HÁ DE VOLTAR

e montado em seu corcel, posto que morto,
rasgando o cerco de Valência
Mio Cid volta a mover a eterna guerra contra os mouros.

COLOCAÇÃO DE BOMBAS E PRONOMES

Me levanto. Mas antes
que me calce ou me barbeie
– bombas caem em Da Nang.

Prossigo. Tomo café.
E bombas caem em Soa Tray.
Antes que eu pise o asfalto
– bombas caem em Don Xá.

Por isso, antes que um aluno me pergunte algo
vou dizendo surdo a tudo:
a colocação de um pronome varia com a circunstância...

Assim os absorvo e sequer percebem
que bombas caem em Suoi Ca Valley,
que bombas caem em Bien Hoa,
que bombas caem em Tan Son.

Há problemas literários sempre por resolver:
há adultério em Dom Casmurro?
Manuel de Almeida é realista?
Que é a língua brasileira?

Mas há outros nos jornais,
não tão sérios, é verdade,
mas difíceis de saber.

>   Bien Hoa
>   Can Tho
>   Tan Son

Estranhos nomes,
sangue feito mensagem,
rotina e depressão.

Bombas caem em Hanói
e nos parecem de palha
porque não caem em nós.

– *What is happening at Plei Mei*?
pergunta o *Christian Science*
mostrando as fotos onde os mortos
são dois mil.

Coisas se passaram em Can Nan Dong
e outras em Chu Pong passarão.

Poderia propor-lhes iguais problemas,
embora tenhamos tantos a resolver.

À tarde estou no escritório
– e os soldados pelos pântanos.

Corrijo provas, tomo café, telefono
– e os soldados pelos pântanos.
Enquanto janto, vejo as notícias,
à noite leio e me deito
– e os soldados pelos pântanos.

Quando termina o dia em Paiphong?
a noite em Phua Yen?
e o temor em Nghan Din?

De outros términos eu sei.

Duas festas neste sábado.
Uma em Bel-Air, mansão dos Schulsmaster,
projeto de Frank Lloyd.

Domingo, piscina e concerto.
Segunda, volto às aulas com pronomes e novelas.

Meu fim de semana!
Carros belíssimos deslizam loiras-jovens-coloridos
com a inscrição *Win in Viet-Nam*.

E assim eu me confundo
como essa gente se confunde
entre o perder e o ganhar.
Já não sei reger tais verbos
ou dar-lhes conjugação.

Traiçoeiros são os verbos,
os verbos, seus sujeitos e os complementos da oração.

NOTÍCIAS MONTADAS NA TV

1. Sinto meter minha mão no vosso sangue
para tirar poemas, mas
seis mil antílopes estão sendo baleados em Yellowstone
e sujam meu jantar.

Helicópteros e tratores os seguem pela neve
– um antílope é escuro demais se o fundo é branco.
Antílopes e hélices,

rifle e chifre,
pata e bala.
Tudo é esporte.
Giants versus *Dodgers,*
Bruins versus *Trojans,*
bicicleta contra tanques,
armadilha de lebre contra Napalms.

(Disse o Governador do Estado de Wyoming que sofre
vê-los batidos em luta desigual, sem chance de escapar.
E o guarda florestal: *I'm really sorry,* pois nossa tarefa seria
protegê-los. Mas haverá carne e pele para os índios.)

2. No Vietnã não correm antílopes.
Mas, se corressem, teriam que ser mortos:
seis mil em uma semana
e mais ainda na estação das chuvas.

Como esconder-se um vietílope
no branco sobre o branco?

Como defender-se nesta paisagem
sem as cores da tecnocracia?

Um vietílope correndo em plana neve
é mais visível quanto mais suja é a bala.
Vietílopes fazem túneis,
embora bombas de gás penetrem atrás,
vietílopes submergem respirando por bambus,
mas *bulldozers* sedentos secam os pântanos.

– Há antílopes demais nesta área,
é preciso dizimá-los.
– Guerreamos porque queremos paz.
– Se não os liquidarmos
em breve invadirão nossos jardins.

No entanto, o vietílope, confundido em sua *edad dorada,*
proibido de sua lei natural,
continua procriando mortes futuras nos jornais.

Tiro ao alvo,
tiro ao pombo,

tiro ao pires.
– *My gosh!* como são velozes!
– Meu reino por um vietílope!

3. Pragas existem sempre.
Impossível dizimá-las
por mais clínex, ajax, solvex
que entornemos pelos terrenos baldios.
Hoje, antílopes.
Ontem, carneiros na Argentina,
        cangurus na Austrália,
           papagaios no Brasil colônia.

Um dia,
tartarugas na Amazônia.

DEPOIMENTO

para Bolivar Lamounier

Ano de 1966.
Eu, Affonso Romano de Sant'Anna,
aos moldes de Villon, meu mestre,
resolvo:
sem ter nada que ocultar,
versos que temer
ou desculpas a quem dar;
já no meio da vida, e no mundo
demais no meio para calar,
conhecedor de algumas terras,
de alguns corpos agrimensor,
sem tocar outro instrumento
que seu corpo e seu amor,
hoje longe da pátria
aos dezesseis – pregador,
hoje – profissão definida,
ontem – recados & marmitas,
hoje – sem dívidas e aluguéis,
ontem – aturdido com a festa
e hoje – demais na vida.

Um tipo a que chamo: caminhante
e a outros surge: deambulante,
mas a que chamo móvel, duplo, resultante;
sem queda pra matemática,
pois soma mais se os subs o traem;
um tipo, vamos dizer, comum,
e que nada mais pretende
que de si mesmo ser retrato e semelhante.

Neste ano de 66,
ano besta, não bissexto,
apocalíptico e fatídico,

em que artefatos amarelos explodem no mar da China
e meu povo curva a cabeça e se aniquila,

em que minha vida interna floresce
e no Vietnã arroz e carne fenecem,

em que em mim, violenta, a poesia sobrevém
e os distúrbios nos subúrbios negros recrudescem,

em que um amor mais belo e novo se acrescenta
tão logo um antigo e escasso se esvanece,

em que eu, de carro novo transito e rejubilo
e alguns amigos nas prisões padecem,

em que nos *savings acounts* tenho *money*
e pelos nordestes perdura a mesma fome.

Neste ano de 66,
esperado, implorado, fabricado, suportado,
neste ano
colho as vacas gordas que meu pai
ano após ano pelos cultos de vigília
esperava que viessem.
Me lembro que em tais natais
eu nada tinha, senão muito que aprender
e muito que aceitar;
e nada tendo, eu aprendia com meu pai
de qualquer jeito
        – a graças dar.

Sei
que desta safra outros só colhem palha
ou que muitos encolhem os ossos e a morte
dos seus recolhem.
Sei
que dentro da mesma estória
irmãos mais velhos
vendem o mais novo como escória.
Mas sei
que a seca não tarda
e pra cada irmão que vendam
são sete anos de praga.

Não sei por quantos anos
este ano vai durar,
em que época terei que ler meu verso
ao reverso
e do que é lugar dos outros
farei meu ocupar.
Mas sou pronto pro adverso
e do que há por suportar.
Porque um ano de fausto
não apaga os de penar.

Este ano não me ilude
não me compra, nem farisaíza.
Posso olhá-lo sem me curvar
como quem olha o que não é seu,
como o samaritano
o trato acolhedor que lhe oferecem
o publicano e o fariseu.

Ano de 66
– besta de 10 chifres
se ostentando sem véus:
te corto nos teus excessos
e retenho só o que é meu.

POEMA ESTATÍSTICO

7 de março de

1967
- 7 pontos subiu o dólar no *Dow Exchange*
- 45 mil exemplares vendidos pelo *Free Press*
- 186 vietcongues mortos na Zona C do triângulo de ferro
- 50 milhas de Saigon
- 2 bilhões liberou o governo para o programa espacial
- 111 americanos mortos em combate, índice da semana
- 987 cestas de basquetebol feitas por Alcindor da UCLA
- 7/12 *inches* de altura
- 687 páginas tem o novo romance de Enrique Lafourcade
- 35 dólares gastei na transmissão quebrada do carro
- 9 anos de cadeia para Hoffa que fraudou o imposto de renda.

ARITMÉTICA

SOMA UM:

> 1 carro azul
> 1 carro branco
> 1 carro vermelho
> 1 carro amarelo
> 1 carro preto
> 1 carro marrom
> 1 carro verde
> 1 carro bege
> 1 carro cinza
> 1 carro coral
> ———————
> = 10 carros coloridos

SOMA DOIS:

> 1 político
> 1 paralítico
> 1 psicólogo
> 1 psicótico
> 1 pianista

1 piadista
1 pastor
1 pecador
1 poeta
1 profeta

9.999.999.999

FOUR LETTERS WORDS

*(em inglês muitos palavrões
se escrevem com 4 letras)*

VIET
TIME

VIET
LIFE

VIET
RACE

VIET
RICE

VIET
HILL

VIET
HELL

VIET
MINH

VIET
BOMB

VIET
SOUL

VIET
CONG

FOR THE TIME BEING

Sem ter sido um homem prático
– desses sabedores manuais de instrumentos necessários
– desses de quem se diz seguro:
 – é realmente um homem prático;
sem ter sido um homem prático
descubro a abstração.

Procuro um outro tempo
mais durável,
estável tempo,
onde me recrie, instale e me amplie.

É como se, de repente,
raízes imensas se engendrassem,
com terra se misturassem,
sem que se veja de onde provém a seiva.

É como se
imagens de outras imagens
se gerassem
e eu descortinasse interiores sucessivos
e sucessivos cenários se montassem
de outros que se montam e se descortinam
além mais, dentro, muito-além-de.

Perguntas fiz durante tempos
de corpo em corpo
quando era ao interno corpo meu
que deveria perguntar,
que um corpo a outro corpo
não pode mais que figurar,
que as respostas mais profundas
nessa massa vim trovar.

Mais que se alicerces no chão se adentrassem,
é como se eu fosse máquina
prestes a partir:
de si mesma, por si mesma, pra si mesma,
embora iluda a quem a veja

sugerindo alheias direções.
Máquina de egoísmo doce e lento
em seu trajeto destilando oculto tempo.

Nem prático, nem exato
engenheiro com tênis, bola,
roupa branca, filhos loiros
preciso nas derivadas.

Planos que tenha?
Não o piloto, senão um
aéreo-plano seguro apenas do radar
interno e cego na neblina.

Me alijo do coreográfico,
me canso de habilidades.
Amigos hábeis deram em nada.
Também não dei em nada,
senão, que dei em mim,
e em mim caindo
     – me vali.

Mais fundo cavo
no meu inverso
o que do reverso
verso externo eu desprovi.

Os mais hábeis
     – se habilitaram
os mais argutos
     – se cegaram
os mais nobres
     – se entregaram
os mais vivos
     – se inflamaram
os mais heróicos
     – se mataram
os mais firmes
     – se invertebraram
os mais ágeis
     – se evadiram

os mais machos
             – se emascularam,
e eu que não fui nada disto
prossigo de onde me deixaram.

Não fui, não pude, jamais serei (me conformo)
um homem prático – desses que descrevi.
Um homem meio vago, sim,
quase insincero,
sempre sobrepairando
onde deveria residir.
Um homem que, alguns notaram,
sempre prestes a partir.

2 – O HOMEM E A LETRA

O HOMEM E A LETRA[1]

Depois de Beranger ter visto seus vizinhos virarem
                                    [rinocerontes[2]
depois de Clov[3] contemplar a terra arrasada e comunicar-se
    em monossílabos com seus pais numa lixeira
depois de Gregory Sansa[4] ter acordado numa manhã
    transformado em desprezível inseto aos olhos da família
e Kafka não ter entrado no castelo[5] para ele aberto todavia
depois de Carlito a sós na ceia do ano cavando o inexistente
    afeto no ouro dos salões[6]
depois de Se Tsuam[7] perder-se não entre as três virtudes
    teologais
mas num maniqueísmo banal entre o bem e o mal
depois dos diálogos estáticos de Vladimir e Estragon
    na estrada de Godot[8]
depois de Alfred Prufrock[9] como um velho numa estação
    seca contemplando a devastação[10] e incapaz de
    perturbar o universo
depois dos labirintos de Teseu,[11] Borges[12] e Robbe-Grillet[13]
depois que o lobo humano[14] se refugiou transido na
                                    [estepe fria

depois da *recherche*[15] no tempo perdida e de Ulisses
    perdido no périplo de Dublin[16]
depois de Mallarmé se exasperar no jogo inútil de seus dados[17]
e Malevitch[18] descobrir que sobre o branco
só resta o branco por pintar
depois dos falsos moedeiros[19] moendo a escrita exasperante
    em suas torres devorando[20] o que das mãos de Cronos[21]
    gera e degenera
depois da morte do homem[22] e da morte da alma[23]
depois da morte de Deus[24] na Carolina do Norte
antes e depois do depois
aqui estou Eu confiante Eu pressupondo Eu erigindo
    Eu cavando Eu remordendo
Eu renitente Eu acorrentado Eu Prometeu Narciso Orfeu[25]
órfão Eu narciso maciço promitente Eu
descosendo a treva barroca desse *Yo*[26]
sem pejo do passado
reinventando meu secreto
                concreto
                Weltschmerz[27]

Que ligação estranha então havia entre os nós e os
    nós de outros eus
entre Deus e Zeus[28]
que estranha insistência que penitência ardente que
    estúpido e tépido humanismo[29]
que fragilidade na memória que vocação de emblemas
    e carência em mitografar-se
que *projectum*[30] árduo e cego que radar tremendo
    pelas veias
que vocação de camuflar abismos e flutuar no vácuo
que reincidente recolocar do vazio no centro do vazio?

Que aconteça o humano com todos os seus *happenings*[31]
    e *dadas*[32]
que para total desespero de mim mesmo e de meus amigos
*I have a strong feeling that the sum of the parts does not
    equal the whole*[33]
e *que la connaissance du tout précède celle des parties*[34]

e com um irlandês[35] aprendo a dividir 22 por 7 e achar
   no resto ZERO
enquanto grito sobre as falésias
   *when genuine passion moves you say what you
   have to say and say it hot*[36]

Bêbado de merda e fel[27] egresso da Babel[38] e de onde os sofistas
   me lançaram
vate vastíssimo possesso[39] e cego guiado pelo que nele há
   de mais cego
tateando abismos em parábolas[40]
açodando a louca parelha[41] que avassala os céus
diante do todo-poderoso Nabucodonosor[42] eu hoje
   tive um sonho:
                    000: INFERNO – recomeçar[43]
Salute o Satana,[44] *Finnegans reven again*[45]
agora sei que há a probabilidade[46] da prova e da idade
o descontínuo[47] do tímpano e o contínuo
que de Prometeu[48] se vai a Orfeu e de Ptolomeu se vai
   a Galileu[49]
Eurídice e Eu, Eu e Orfeu
o feitiço contra Zebedeu Belzebu[50] e os seus

Madness! Madness[51]
sim, loucura, mas não é a primeira vez que me expulsam
   da República[52]
loucura, sim, loucura, ora direis
enquanto retiro os jovens louros de anteontem

Que encham a casa de espelhos aliciando as terríveis
   maravilhas[53]
para que vejam quão desfigurado cursava[54] o filho do homem
   em seus desertos cheios de gafanhoto e mel silvestre[55]
que venha o longo verso do humano
o desletrado inconsciente[56]
fora os palimpsestos![57] *Mylord* é o jardineiro[58]
eis que o touro negro pula seus cercados e cai no povaréu[59]
Ecce Homo[60]
ego e louco
cego e pouco

ébrio e oco
cheio de *sound and fury*[61]
in-sano in-mundo[62]

*Madness! Madness! Madness!
Madness*
      Summerhill[63]
           Weltschmerz
– ET TOUT LE RESTE EST LITTÉRATURE[64]

NOTAS:

1. Primeiro de uma série de poemas em que o autor resolveu exorcizar os fantasmas literários de sua juventude, na busca de um caminho mais pessoal.
2. Em *Os Rinocerontes*, Ionesco mostra os indivíduos massificados convertidos em rinocerontes invadindo a cidade. Com essa parábola toca o absurdo metafísico do mundo moderno, fala sobre a massificação e a individualidade ameaçada.
3. Clov, personagem de *Fim de Jogo* (Samuel Beckett). Na mesma linha do absurdo lá estão o cego-paralítico e o empregado companheiro diante da destruição total, enquanto o casal de velhos sobrevive numa lixeira.
4. *A Metamorfose* (Franz Kafka): aí o personagem central se converte em algo parecido a uma barata que toda a família abomina.
5. *O Castelo* (Franz Kafka): ali as portas que estavam abertas para o personagem que morre impotente e ignorante sem poder penetrá-las.
6. Vários filmes de Chaplin: *Em Busca do Ouro,* por exemplo, em que o descorçoado e lírico personagem segue para explorar o ouro no Alasca.
7. *A Alma Boa de Se Tsuam,* de Bertolt Brecht.
8. *Esperando Godot* (Samuel Beckett), em que dois personagens (Vladimir e Estragon) ficam eternamente na espera de um indefinível Godot, que muitos entendem como sendo Deus, a Esperança, a Fé, a Paz ou, então, o próprio absurdo em que se circunscreve a vida.
9. T. S. Eliot em *Prufrock and Other Observations* (1971), personagem que pertence à mesma estirpe dos anteriores.
10. "I'm not an old man in a dry month" e "Do I dare to disturb the Universe?" – versos de T. S. Eliot, que cito e re/cito.

11. Teseu – personagem da mitologia grega com uma estória incrível da qual aproveito apenas a parte de sua entrada no labirinto para matar o minotauro.

12. Jorge Luis Borges, que em vários escritos retoma a temática dos labirintos (cidades, bibliotecas, ruas, caminhos) onde os personagens se procuram, se perdem e se acham perdidos.

13. Robbe-Grillet dentro do "nouveau roman" francês, década de 50, utiliza-se também da temática dos labirintos. Em Borges, como em Grillet, a própria linguagem se constitui em labirinto onde leitor/autor e texto se procuram.

14. *O Lobo da Estepe* (Herman Hesse): romance e autor que influenciaram inúmeros escritores desde o princípio do século. Retrata-se aí, entre outras coisas: a solidão e indecisão do homem diante da sociedade materialista.

15. *A La Recherche du Temps Perdu* (Marcel Proust): o homem se perdendo e se reachando no tempo e no espaço, ativando a memória voluntariamente.

16. *Ulisses* (James Joyce): onde no espaço de um dia os personagens de Dublin fazem o périplo antiépico, num outro tipo de labirinto, posto que este texto de Joyce é dos mais opacos e impenetráveis (ao leigo).

17. *Un Coup de Dés,* poema de Mallarmé que pode ser compreendido de várias maneiras. Aqui o interpreto como um fracasso da linguagem colocada no desespero de seus limites.

18. Malevitch, que chegou à pureza e à síntese pintando um quadro aparentemente absurdo: "Branco sobre Branco".

19. *Os Falsos Moedeiros* (André Gide). Ver também: *O Diário dos Falsos Moedeiros*. No primeiro romance Gide conta, entre outras coisas, a história do indivíduo que estava escrevendo um romance chamado *Os Falsos Moedeiros*. Técnica hoje chamada de metalinguagem. No outro livro ele conta como estava contando a história que o personagem contava, etc.

20. Torres – aqui no sentido tanto de "torre de marfim", isolamento esteticista dos artistas, quanto referência ao Conde Ugolino que na *Divina Comédia* devora seus filhos retardando a morte enquanto prisioneiro na torre.

21. Chronos – divindade grega, Saturno dos romanos, que devorava seus filhos temendo que viessem futuramente a destroná-lo. Referência à literatura autofágica em que incorro e incorrem os formalistas.

22. Uma das afirmações mais famosas dos estruturalistas é de que o homem (no seu sentido humanista e clássico) morreu.

23. Anteriormente o Existencialismo tratara do problema do absurdo da vida e liquidava com a alma, substituindo-a pela consciência.
24. Em meio à década de 60, nos Estados Unidos, surgiu uma seita protestante que antiteticamente partia da concepção de que Deus morreu. Embora não houvesse nenhuma intenção, pode-se aí associar o pensamento de Nietzsche, que passou por esse lugar-comum.
25. Prometeu/Narciso/Orfeu – personagens mitológicos que a Psicanálise e a Filosofia de Herbert Marcuse e Norman Brown restauraram depois de Freud. Símbolos da força vital.
26. Referência ao "yo" barroco e espanhol de que falam os ensaístas, símbolo do irracional, mítico, místico, lembrando as aulas de José Carlos Lisboa.
27. Termo alemão para expressar o sentido romântico e ultra-romântico da existência. Tédio, cansaço, *spleen, mal du siècle,* enfim, tudo que revele frouxidão e liberação do eu reprimido estética e existencialmente.
28. Zeus – Júpiter dos latinos, Osíris dos egípcios e Amon dos africanos: o deus pagão.
29. O "humanismo" questionado por todos aqueles escritores do princípio do século e pelos atuais, círculo vicioso a que volto – voltamos todos.
30. Termo ligado à filosofia de Heidegger e Sartre: *projectum* (projeto). Um lançar-se continuamente à frente de si mesmo.
31. Os *happenings* da década de 60, importantíssimos nos Estados Unidos e Europa, eram o elogio grandiloqüente do absurdo e do nada através de espetáculos públicos urbanos aparentemente despidos de sentido.
32. Ver relação entre o *happening* e certos comportamentos dadaístas (1916). Um é a atualização do outro.
33. Frase de Jean Dubuffet que colhi de "Anticultural Positions", apêndice no livro de Wylie Sypher – *Loss of the Self in Modern Literature and Art,* obra que me ajudou a perfilar o pensamento corredio desse poema.
34. Frase que agora não sei de onde tirei, mas que, como a anterior, está presa aos problemas psicológicos típicos da Gestalt Theorie.
35. Esse irlandês é Samuel Beckett.
36. Citação de D. H. Lawrence numa briga com Joyce, fazendo apologia de tudo aquilo que destaco aqui: narcisismo, orfismo, intuição, etc.
37. Referência a Cristo crucificado e recebendo nos lábios o fel que a soldadesca lhe dava.

38. Babel – torre construída miticamente na gênese dos tempos. Ver Bíblia – Gênesis, cap. 11. Referência à babel literária-estética-existencial em que vivemos.

39. Conforme Huizinga em *Homo Ludens:* "a verdadeira designação do poeta arcaico é *Vates,* o possesso, inspirado por Deus, em transe. Essas qualificações implicam ao mesmo tempo que ele possui um conhecimento extraordinário".

40. Associação com o quadro de Brueghel em que retrata uma fileira de cegos caindo num buraco, conforme texto bíblico: "Se um cego guiar outro cego, ambos cairão no abismo".

41. Mito platônico da alma conduzida por uma parelha significando o bem e o mal, a força antitética da vida. Aqui a aceitação das antíteses e contradições.

42. Rei descrito várias vezes no livro de Daniel e que tinha sonhos terríveis, que só o profeta decifrava.

43. Sonho estranho que tive em Iowa: uma espécie de caixa registradora ou "slot machine" corria vários símbolos e parava nisto: "000-INFERNO".

44. Expressão tirada de Carducci num de seus poemas de louvor a Satanás; tema que seria vulgarizado até pela poesia simbolista brasileira.

45. James Joyce: *Finnegans Wake.* Coisas do acaso: no texto original do poema escrevi "reven" conforme as linhas iniciais daquele monstruoso livro, mas o revisor mudou para "never". Os sentidos se contradizem e não sei com qual ficar.

46. Decorrência de umas leituras sobre a "lei da probabilidade" e o "princípio da complementaridade" da Física moderna.

47. Relação entre aquelas anotações da Física, mais o universo descontinuo de Einsten e a arte descontínua deste século ilustrada nos autores citados inicialmente.

48. Prometeu, na interpretação de Marcuse e Norman Brown, símbolo do homem moderno, racional, em oposição a Orfeu.

49. Galileu – síntese do racional e do irracional com o episódio do "eppur si muove" que todos conhecem.

50. Continuação de figuras míticas bíblicas e pagãs. Belzebu – um dos nomes de Satanás.

51. Texto talvez tirado de uma versão inglesa de *A República* de Platão. O poeta/possesso expulso da comunidade dos sãos e sensatos.

52. Platão expulsou o poeta da República porque ele não poderia produzir bens úteis. Se quisesse retornar, teria que compor poemas de louvor aos mitos nacionais. Na "república das letras"

certos poetas/estetas querem que os demais andem conforme um único figurino.
53. Associação com *Alice no País das Maravilhas* e *Alice no País dos Espelhos*. Espelho: o narcisismo reachado, sem o que não há progresso na evolução do indivíduo e do poeta.
54. Cansaço após tantos cursos, discursos no interior e exterior.
55. São João Batista alimentando-se de gafanhotos e mel silvestre enquanto refugiado no deserto. Retiro-me do deserto alheio.
56. Mil teorias sobre o inconsciente e a Literatura, principalmente a partir da revisão proposta por Jacques Lacan em seus *Écrits*.
57. Como D. H. Lawrence na briga contra Joyce, a quem acusava de reprimir suas emoções e castrar o fluxo erótico-vital.
58. O furor erótico de *O Amante de Lady Chatterley,* que generosamente dava em seiva amorosa o que Narciso e Orfeu impelem a dar.
59. Lembrança de uma foto sobre touradas espanholas em que um imenso touro pula o cercado e voa sobre o público.
60. Nietzsche, com livro do mesmo nome. Nietzsche – figura importante nisto tudo, que me devolve a Dubuffet: "I must declare I have a great interest for madness; and I am convinced art has much to do with madness." Também a frase dita a Cristo, outro louco: "Ecce Homo."
61. "Sound and fury", expressão tirada de Shakespeare, que Faulkner aproveitou como título de uma de suas obras.
62. In-mundo – expressão que pode ser localizada no pensamento existencialista: o estar no mundo, conspurcação necessária do sujeito com os objetos.
63. *Summerhill,* livro de A. S. Neill contando suas experiências pedagógicas numa escola inglesa onde as crianças vivem na maior liberdade todos os seus instintos e desejos.
64. Verlaine em sua *Arte Poética:* "De la musique avant toute chose/ et tout le rest est littérature." Intenção de liberar a criação fora dos códigos poéticos estabelecidos. Repulsa à literatura definida como coisa morta ligada à letra artificial e não à experiência vital.

A MORTE CÍCLICA DA POESIA, O MITO DO ETERNO RETORNO E OUTROS PROBLEMAS MULTINACIONAIS

Sei que não existe mais poesia, embora saíssemos em
                [expedições teóricas para matá-la
sei que não existe mais poesia porque ainda ontem
dei a bibliografia aos meus alunos que agora sabem
(que não existe mais poesia) e podem livremente
ler um não-poema.

E mando empalhar os pré-socráticos, enfaixar as odes
                [olímpicas
    de Píndaro, sepultar as baladas de Villon, os cantos
    de Whitman e Eliot e toda aquela estante verde
                [de poesia ao lado.
Posso dançar em torno da fogueira, soltar o som mais
                [bruto e gutural
que se livrar do meu ódio não-literário
expor meus ritmos sem o ônus das cátedras, reescrever
transgredir, transcrever sem ce(n)suras
usar ou não os fabulosos recursos cibernéticos e
                [semióticos das vanguardas
sentar enfim diante de um quadro quadrado do
                [crepúsculo e respirar tranqüilo
porque não terei que dar satisfações sobre o poético
                [(ou não) dos versos.

Não mais a obra-em-progresso,[1] continuamente diferente
de mim e dos demais, de Joyce e des/iguais.
Adolescente-não-mais também não mais preciso
engavetar papéis, ocultar o caderno escrito do fim para
                [o princípio.
Sozinho em casa nenhum corvo[2] pousará na janela
nenhuma bruxa rondará a zona de luz[3]
nenhuma fênix[4] renascerá das cinzas como uma mariposa
                [barroca e louca
nem terei que espremer minha alma como um limão podrido.
Passeio entre as ruínas das arcádias dando adeus

ao tresloucado Alceste ao peregrino Alceu
enquanto as fichas IBM não me cospem mais seus signos
[letais.
Uma vez escrevi um verso, que constatei já estava escrito
agora (diante da falecida) posso amealhar
a obra minha e a alheia, sem qualquer preocupação de ser
[e estar.
A *escritura* está no ar.
Posso retomar excursos de Camões, estorinhas de Prevert,
    hai-kaisem Octavio Paz e os textos de Li-Po e Po-Chu-i[5]
    que Marina sempre amou à sombra dos bonzais.

Tempo há para tudo, diz o salmista.
E se poesia houvesse, tempo talvez fosse
da fala cheia, do símbolo abundante
do dito profundo, longe muito longe do vazio fascinante
que volta e meia me devora(va) a mim
e a alguns mais infelizes do que eu.

A poesia agora está nos jornais
(frase de 50 anos atrás)
A poesia agora está no jamais
(frase de 6 mil anos atrás)
– Onde a poesia?
– Nas palavras (Mallarmé).
– O.K. compro todos os dicionários (incluindo o do Morais).
– Como restaurar a poesia?
em Cristo?[6] na emblemática?[7]
na informática? em Jônia?
em Ática?[8]

– Poesia, o que seria?
(quando poesia havia)
– uma palavra depois da outra?[9]
– uma palavra dentro da outra?[10]
– uma palavra em vez da outra?[11]
– uma palavra no silêncio
                – do outro[12]

Às vezes me estremeço com o duplo sopro do meu uno:

– não aprendeste nesta infame lição que instilaste em
[teus alunos
que a poesia é desejo, que o desejo está na letra?[13]
que o homem é animal simbólico e que não vive sem sinais?[14]
que até os animais sonham nos galinheiros e currais?[15]

Pois se poesia não-mais (como em Camões)[16]
então é consciente a formulação verbosa do desejo
morto e recalcado desejo de poder
e glória. Desejo de ser amado[17]
desejo de ser desejado
– difícil empenho para aqueles que se enfeiam
em adiposidades físicas e mentais.

A letra a serviço do falto ouro
a escrita como sinal do logro
o poema como o exposto edema
de quem perdeu a vida e a espada
ante a fúria do encurralado touro.

Se poesia-não-mais, então o que existe
é o oco do autor gerando no oco do leitor
o ego e o eco, o louro e o louco
o escasso muito, o muito pouco
o eu sozinho e o nós ausente
a emoção do nada e a razão demente.

Me dizem os mais chegados:
– mas quando é que vai deixar dessa conversa fiada
dessa prosa que não paga
e nos dar a tua poesia? E eu:
quando sair do cemitério e do ossário geral
em que nos largaram. E mais:
a poesia não tem lugar
não tem retorno; e nesse parnasiano ofidiário[18]
nunca a pomos onde nós estamos
pois fica sempre de onde a retiramos.
Ah, que inteligente essa burra poesia!
    que intransigente essa nunca poesia!
    que poesia mais sem poesia essa poesia com
urros de *poesia sobre poesia*.[19]

Ah, ser grande poeta, primeiro-ministro
da poesia pelos gabinetes do poder literário
antes, pelo contrário, nunca opinar, tresmalhar
a velha esfinge faminta de poder e glória!

Ou ser jovem ardente e vanguardista
formas cerebrinas provinciais
Meu reino por um cavalo!
Corto a história onde bem quero
e sirvo aos parvos comensais.[20]

Há 20 anos me dizem: poesia é isto
                poesia não é aquilo.[21]
Sabem tudo, meu Deus! se inflamaram de línguas estranhas
e como bestas pastam os pergaminhos ancestrais.
Dizem uns: escrevo verso – mas não poesia
       faço poesia – mas sem versos
rebate um sapo tanoeiro, falso marginal[22]
enquanto se farta à larga
comendo insetos e elefantes
com a vanguarda oficial.

Ah, mistério de elêusis![23]
poesia da anti-hora
poetas se retalhando
no açougue da obra exposta
sanguessugas grudados
nas nucas de uns quantos mortos
chupando a seiva remota
que em sua escrita renegam.[24]

Geléia, geléia, geléia.[25]
– Há geléia sobre a mesa?
Não estremeço, tudo é natural
com Gonzaga sigo a lei da Natureza
não sou pastor desses campos
mas tenho próprio casal.
Valha-me Sá de Miranda:
– pois quem jamais tirou o sol por natural?
E aturdido e sem resposta, com o mais vivo

dos poetas mortos,[26] feita a odisséia do Nada
assento-me ao pé das fogueiras acesas e ouço a voz
              [cansada dos guerreiros:
– *que edad tenías tu, mi querido amigo, cuando*
              [vinieron los persas?
E recordando o tempo em que poesia havia
recebo os emissários do Rei que batem em minha porta
              [e eu na porta alheia
e o outro na do outro: morreu a poesia! atravessem o
              [Mar Vermelho! fujam do Faraó![27]
E já inocente e já culpado e, por fim, exorcizado
de tamanha purgação
me afasto lúcido e exausto deste estranho funeral.
Em agonia, agonístico[28]
parto com os atletas para os campos. Competitivo
e olímpico nas liças como o touro fecundante
e a primavera dos casais[29]
procuro o som do tambor, a luz da fogueira, o encantatório
              [pranto dos airões feridos.[30]
Adeus, irmãos, adeus! Estou tomando o caminho da floresta.
Quando chegar a hora, serei poeta
(vanguardista)
          – outra vez.

NOTAS:

1. Obra-em-progresso *(work-in-progress,* expressão usada por Joyce) não significa necessariamente vanguardismo. A obra pode estar progredindo sem cabriolas formais e estas podem muitas vezes estar do lado do retrocesso. Depende tudo do momento histórico dentro da série social e dentro da série literária.
2. Em "O Corvo", Edgar A. Poe narra a aparição da ave na janela do poeta, trazendo-lhe o mistério do tempo, da morte, do amor e da poesia.
3. Em "A Bruxa", Carlos Drummond de Andrade descreve a bruxa rondando a luz de seu quarto enquanto o poeta anota o claro-escuro de seu sofrimento no diário-noturno da cidade.
4. Mito da Fênix, ave fabulosa que, queimada, renascia continuamente das próprias cinzas. Relação com a imagem da Fênix/Poe-

sia, sempre morta e rediviva. Evocação da imagem da mariposa morta ao calor da chama, segundo lugar-comum da poética barroca. Referência à *Fênix Renascida* (1716-1728), coletânea de poemas barrocos portugueses.

5. Li-Po (701-762) e Po-Chu-i (772-846), poetas da dinastia T'ang, que me fazem corar ante minha má poesia.

6. Jorge de Lima e Murilo Mendes nas décadas de 30 e 40 se esforçaram por propagar a tese de que se deveria restaurar a poesia em Cristo.

7. Várias correntes de vanguarda, querendo que a poesia deixe de ser apenas um signo verbal para ser um signo visual, desenvolvem a tese de que a poesia deve aproximar-se da emblemática, coisa que Dante praticou com mais finura.

8. O estilo ático decorre de Ática, região da Grécia, e significa: estilo conciso, claro, civilizado, em oposição ao estilo asiático, pelo qual tenho muita simpatia.

9. A teoria da "palavra em liberdade" de Marinetti, ou a libertação do inconsciente nos surrealistas através dos jogos de palavras absurdas, o *stream of consciousness* dos ingleses e a "enumeração caótica" de Leo Splizer são exemplo da resultante poética que se consegue acumulando-se as palavras irracionalmente.

10. Isto seria uma espécie da palavra tridimensional ou palavra cubista, que Joyce usou, John Lennon *idem,* e a poesia *underground* brasileira *ibidem*. Para não ir longe, um exemplo da minha empregada, que não é literata: *"respostei* a carta" (respondi + postei). Mas quem melhor fez isto foi Guimarães Rosa.

11. Teoria freudiana com base também nas teorias de Roman Jakobson, para quem a poesia seria a presença da ausência ou o não-dito que se torna dito.

12. Teoria também de fundo freudiano presa à teoria da informação, segundo a qual a obra estética faz falar o que está silenciado. O autor faz falar a nossa consciência através de sua palavra.

13. Ver Freud, Lacan, Leclaire, Bataille, Pontalis, Rosolato, Irigaray, e outros que tais.

14. Ver Cassirer *(Filosofia das Formas Simbólicas),* para quem o homem é um animal simbólico.

15. Experiências feitas e que as *Seleções* e outras revistas contaram. Constatou-se que vacas, burros, galinhas e outros espécimes também sonham.

16. Ver Camões: "Não mais, Musa, não mais que a lira / tenho destemperada e a voz enrouquecida."

17. É isso aí: as pessoas ficam escrevendo desesperadamente e o que querem mesmo é carinho e amor – e o resto é literatura.
18. Referência aos versos de Vicente de Carvalho, segundo os quais a felicidade nunca está onde nós a pomos, porque nunca a pomos onde nós estamos. Referência, a seguir, à situação da poesia brasileira nos últimos 25 anos, aplicável ao Modernismo e ao sistema literário de qualquer país: vive-se num butantã literário. Há uma neurótica luta pelo poder. Compreendendo que a literatura e as organizações sociais não podem (ainda) passar sem isto, acho que se deveria pelo menos conscientizar a situação.
19. Tematizar meus conflitos estéticos e existenciais. Ou: a única maneira de sair da crise é tematizar a própria crise. Por isso falo do impasse de falar.
20. Uma das características de toda corrente que se quer de vanguarda é dizer que o passado morreu e que tudo vai começar de novo. Este assunto talvez pertença mais à antropologia (ou à psicanálise?). Ver, por exemplo, o "mito do eterno retorno" e o que é "ato cosmogônico". Há um fascismo ingênuo aí por trás desses cortes históricos. Me lembra também aquele imperador chinês que ordenou que se queimassem todos os livros e que a História começasse com ele.
21. Drummond, que não é bobo, já dizia que a poesia é isto & aquilo.
22. Nunca é demais lembrar o poema "Os Sapos", de Manuel Bandeira, ainda mais que estou desconfiado que trocamos o parnasianismo da Geração de 45 por um parnasianismo vanguardista a partir de 56.
23. Ver na *Enciclopédia Britânica* o que é o Mistério de Elêusis.
24. Um dos mal-entendidos decorrentes da atuação dos poetas concretistas: impedindo-se, proibindo-se, castrando-se um tipo de produção de poesia, mas não podendo passar sem ela, começaram a traduzir versos de grandes poetas falecidos. Saída apenas compensatória, mas de qualquer maneira falsa saída, *blind street*. Ora, se o ciclo do verso acabou, como anunciaram, não vejo por que usar de novo fraque e cartola (alheios). Parece que o equívoco, de novo, está no conceito de História, pois há mil histórias simultâneas e nenhuma é melhor do que a outra, e nenhuma é linear (a não ser para os profetas). Sobre isto também me lembra Graciliano Ramos comentando a observação que Otávio de Faria lhe fizera a propósito de *Vidas Secas,* de que "o sertão, esgotado, não dava romance". E Graciliano arrematava numa frase apropriada a seu caso e ao meu: "Santo Deus! como se pode estabelecer limitação para essas coisas".

25. Cansei dessa frase também: "na geléia geral da poesia brasileira alguém tem que exercer as funções de medula e osso". Ora, aí se parte do seguinte pressuposto:
   a) que a poesia brasileira é uma geléia;
   b) que a geléia é algo nocivo-menor-desprezível, o que já supõe uma idéia ideológica de "valor";
   c) que o osso e a medula são as partes mais importantes do organismo;
   d) que quem disse aquilo é o osso e a medula, e, portanto, a melhor parte do sistema.

Mas pode-se contradizer:
   a) nem a poesia brasileira é uma geléia como supõem;
   b) nem a geléia é algo "mal" e "nocivo" por natureza;
   c) nem eles são o osso ou o único osso como querem;
   d) nem o osso e a medula são melhores do que outras partes do sistema, que, de resto, não pode viver sem o conjunto das partes.

26. Citação de uma frase que gravei vendo uma edição espanhola do *Time* contando a *Ilíada* e a *Odisséia* em gravuras. Informação que prova que o autor não lê Homero no original e que deve ser usada quando quiserem dizer que só lê divulgadores.

27. Ver no livro do *Êxodo* na Bíblia a narração da matança dos primogênitos egípcios, a fuga dos judeus atravessando o Mar Vermelho.

28. Agonística é uma das partes da ginástica grega, sendo que o *The Randon House Dictionary* fala até de *agonistic humour*.

29. Favor consultar nos livros de antropologia os diversos mitos que narram o advento da primavera. Ver também os ritos de fecundação nas tribos selvagens (e civilizadas).

30. Não há nada como ler um bom autor! Vejam Ernani Cidade em *O Conceito de Poesia como Expressão da Cultura*. Conta que Valmiki, o suposto autor do poema hindu *Ramayana,* estava contemplando dois airões se amando quando um caçador, com flecha certeira, matou um deles, enquanto o outro se agitava voando e lançando gritos de dor: "vivamente comovido, Valmiki deu expressão aos sentimentos de simpatia pelas aves e à irritação contra o caçador, em palavras que logo assumiram, com grande surpresa sua, medida rítmica, que as tornou cantáveis ao som de instrumento músico. Brahama, o criador de tudo, desceu a visitar o sábio em seu eremitério, mas o pensamento deste de tal modo estava ocupado pelo drama dos airões, que inconscientemente lhe saíram dos lábios as frases rítmicas que ele lhe suscitara. Brahama, sorrindo, revelou

ao eremita que os versos lhe tinham vindo aos lábios, para que na medida deles se resolvesse a compor a história de Rama, que hesitava em escrever".

POEMA DIDÁTICO EM TRÊS NÍVEIS[1]

Este poema iniciado num dia qualquer de 1966
em Westwood Village, Los Angeles,
não é esse mesmo poema que extraio das páginas
timbradas da California University[2] sete anos depois
e que de novo re/começa:

> "um poema que caminhe como a vida
> que se muda, se acrescenta e se anula
> como a linha que se encurva,
> vida delineante, amor circunscrevente,
> que se decifra enquanto se engendra."

Este hoje-antigo-e-novo poema que tantas vezes refuguei
do fundo da gaveta retorna e *eppur si muove*[3]:

> "e qual flecha de Zenão[4] não se situa.
> Não adianta o perguntar: onde o poema?
> no ontem de hoje? no agora de sempre?
> E o movimento intato do vento,
> a gema fora do ovo
> e o *nevermore* do corvo.[5]
>
> É o guerreiro, a seta e a meta,[6]
> o campo onde pratica, o público que atiça:
> o poema, como a vida, vai-somente."

Re/fazendo-me (consciente) o inconsciente poema[7]
descubro por que de mim me envergonhava:
é que o poema se contradizia e me expunha
solto fora dos currais da poesia que, em meu país,
à risca se curtia. E eu me dizia:
– isto parece versos daqueles mal-ditos de 45:[8]

> "no verso me reúno, me instituo

em claras tramas ou difusas,
não importa, o que importa:
é o que divulgo, o que de vulgo
e único a mim mesmo restituo.

Primeiro vivo, experimento,
depois pelo poema, me concentro.
enquanto ajo no dia-a-dia,
ajo e recuo,
mas voltando ao poema aí eu me situo.

Primeiro a vida, o fuso, o gozo, o expor-se
o impor-se quase. Depois o crivo, o cravo,
o amargo travo, do que era vida e agora
é árido, do que era ato
e agora é trato, do que era flor
ou edema

        e agora é poema".

... E não me agradando, me contradizendo e repetindo,
metafórico e confuso,
cheio de *invenções,*[9] *tendências,*[10] e na *praxis*[11] estranha
de *processos,*[12] des/caído no *sanglot long des violons*
de rua,[13] eu que lá ia hoje volto ao sempre poema
e descubro a aporia:[14]
– porta aberta e celestina por onde me embriago[15]
e me liberto.

Na verdade, posso meter um ideograma[16] em cada página,
um arabesco semiótico[17] que bem haja,
como para agradar sicranos
posso entortar meu verso na retorta,
mas agora Inês é morta,[18]
está morta atrás da porta
junto da moura torta.[19]

Humour? Faltou humor àquela vã
gendarmeria.[20] Bem que Drummão falou
que em 14 morreu o último trovador,[21]
teimoso, ele próprio continuou, continuamos

ao depois que ele (quase tudo) nos roubou
das reservas de ouro em pó.[22]

Depois veio Cabral.[23] Um João-após,
discípulo daquele, mestre-ao-meio.[24]
Nos aturdiu nos per/formou, mas de si mesmo
pouco a nós regateou, antes
me amealhou.

Amigos, depois, vieram. Ingênuos,
engenhos, augustos, agudíssimos[25]
sermões ideogramáticos[26]
em campos de angústia
e pigmentário suor.

Eu tinha que entre a vida e a poesia
que a uma só aceitar, já que não pude
com Drummond ser só poesia e com Vinícius cantar,
decidi pelo meu corpo,
por este estrato-gema,
por este órgano-poema
a corporiviver
e a corporificar.

Hoje, em vez de pô-la em verso,
(por profissão) do verso a vou tirar,
não só dos meus, mas de quantos passo a ler e a me exemplar.
Assim o desempregado poeta[27] expõe
a expoesia[28] no chão do altar.
Não é fácil tal mister,
há muito que desatar. E outras maneiras
existem do enganoso engenho arteficar.
Menos hábil, concedo,
mais sincero, convenham,
menos vós e mais eu-mesmo.

Não jogo com meu futuro nem falso
me aturo. Sem asas de anjo fico
e auréolas de delfim.[29] Sou corpo
presente em missão. Estou no meio.
Só os mortos e escolhidos
                              – vão ao fim.

Em verdade vos digo:
por quase 20 anos a poesia nacional/
racional curtiu prisão de ventre
até que sobreveio a diarréia[30] nos violões e ruas.
E como Jaeger e Huizinga[31] previram
no séc. IV os poetas cederam lugar
aos sofistas/paulistas,
mas a música desceu do hélicon, virou o que a Expoesia
des/virou, Caetano fecundou o estéril concreto armado
e Chico sonorizou as construções do dia-a-dia.[32]

Por isto, após tanta teoria, me desfaço
em teorréias.[33] Poesia, antes, verso,
diversão ao tempo de Gregório,[34] fez-se
inversão perversa com patente no cartório.
Poesia, antes, forma, fez-se polimorfa
fôrma amorfa. Poesia segundo,
conforme, consoante.
Então, falsos bororos[35] e tágides minhas[36]
de vossa alta demência me despido[37]
e extornando a basófia vossa e a empáfia minha,
mantendo memória enxuta e mente aberta,
bato na cangalha e com o inferno na boca[38]
retomo as rimas em alho, erda e uta.[39]

– Eles não vão te perdoar, me adverte um exegeta.
Mas não é de hoje que me expulsam da República.[40]
Aí, como poderia eu competir com o dialeta?[41]
Já me queimei em Harvard, Juiz de Fora e Alexandria,[42]
subi as muralhas chinas e os livros da Babilônia
que Borges redigia,[43]
só não faço meus cantares porque Pound...[44]
só não grito a plenos pulmões porque Maiakovsky...[45]
só não subo nos palcos porque Dylan Thomas...[46]

– *After such knowledge, what forgiveness?*[47]
Et comme je disait[48] a alguém num parque de Boston
num verão de 1967, tendo já sub/vertido este poema:
– sou vitalista, irmão, segregar da vida a arte, quem há-de?
E ele: "na literatura francesa, a geração de Gide..."

– Humanista! Humanista![49] ja me gritam lá das gambiarras.
Logo a mim, pobre Alphonsus! pobre Alphonsus![50]

Mas já que Perdigão perdeu a pena
não há mal que lhe não venha:[51]
onde a vã/guarda? se tudo acabou em 1916?
digo, se tudo de novo começou em 1916 com os dadaístas?
digo, se a sina de tudo é acabar e começar
e no fim pode estar o princípio e no princípio o fim[52]
and so on and so forth, conforme os paradoxos de Eliot
e os oxímoros de Pessoa.[53]
Não, já não sou *an old man in a dry month*
being read to by a boy, waiting for Godot,[54]
embora vinte anos também passasse perdido entre guerras
                                        [e palavras.[55]

– Eles não vão te perdoar, repete o exegeta.
Sem asas de anjo fico
e fraldas de serafim. Me recolho
do meu escolho, me liberto do mal em mim,
de malamigos, de Mallarmé,
e o dado agora re/feito,[56]
sei que nem tudo se faz *pour aboutir a un livre,*[57]
antes eu quero a vida. A vida
que está lá fora.

E livre, voltando ao ontem limpo poema, hoje passado e
                                        [sujo re/vejo que
        "a poesia em mim
        das folhas passou aos fatos,
        da rima passou à trama,
        das letras passou aos gestos"

e o que hoje procuro
não é mais a escrita da usura
                            (a escritura).[58]

Cresce a poesia com a força dos cabelos de Sansão e Jandira[59]
sobre as dunas de Ipanema, enquanto pasmam os filisteus.
O possesso, des/caído do Olimpo, antiasséptico
conspurca a higiene dos versos e afunda a rosa

não na higiênica palavra "fezes",[60]
mas na mais suja merda que o poeta perfumou.
Vida é impureza. Dificilmente
a poesia nos viria de São Paulo,
que não de São João.[61]
Como Pier della Vigna não veio da usura[62]
e Dostoievsky e Rosa vieram do sertão.[63]
Salvei meu corpo dos livros,
salvei minha vida das letras e gavetas
e no poema de ontem & hoje descubro:

> "sou o guerreiro,
> a palavra a seta
> e a vida a meta:
> – o poeta solta a seta
> e na morte se completa.
>
> Em meu corpo tenho a pena, a antena, a gema,
> a rima, a cisma, o crisma,
> no meu corpo o livro e a vida.
> Corpo: escritor sereno
> de meu melhor poema.
>
> Poema que tem sezões e se fratura
> e vai vivente e vai
> por onde se procura,
> poema que para ser composto e vertido
> terá que ser a soma de minha carne e osso
> com meus versos confundido."

E isto posto, disposto, reposto
a gosto, a contragosto, no ontem/hoje composto
perdendo o poema antigo
salvo três versos comigo:

> "este é o poeta suicida
> que em vez do poema in/verso
> prefere o poema-vida."

NOTAS:

1. Os 3 níveis são: o poema de ontem (1966), o poema de hoje (1973) e as notas exegéticas, tradição que T. S. Eliot recuperou em *The Waste Land* (1922), o que quase me levou também a titular este poema "The Waste Poetry", porque aí também se trata de uma devastação poética. É possível, no entanto, com aparelhos teóricos mais precisos, localizar aí outros níveis que não estes.
2. Referência às folhas surrupiadas do *Spanish and Portuguese Departament* daquela universidade americana (UCLA), onde fiz a primeira escrita deste e de outros poemas enquanto lá lecionei por dois anos (1965-1967).
3. Citação da frase que Galileu Galilei (1564-1642) teria pronunciado após haver abjurado suas heresias diante do tribunal da Inquisição, significando: "no entanto, se move". Aqui o sentido é: verdade/poesia existe mesmo reprimida.
4. Zenão (490-430 a.C.), tido como o inventor da dialética, por ter sido o primeiro que usou sistematicamente sua técnica. Referência a seu teorema sobre a flecha, segundo o qual, se uma flecha é igual a si mesma em cada momento de seu vôo, então ela está imóvel. Dialeticamente, o poema traria todas essas contradições e estaria sempre em movimento. Até nestas notas.
5. Menção ao refrão de Edgar Allan Poe (1809-1848), poeta do fantástico e diabólico, que com seu poema "The Raven" ("O Corvo") assinalava, através do estribilho *"nevermore"*, a impotência do homem diante de seu destino. Ironicamente (?!), ele assinalaria mais tarde que nesse seu poema o próprio acaso e o imponderável haviam sido domados, pois regulou tudo: desde a quantidade e tipo de versos até as rimas e efeitos sonoros.
6. Citação de um poema meu constante do livro *Canto e Palavra:* "Sou o guerreiro/ a palavra a seta/ o objeto a meta/. O guerreiro solta a seta/ e no alvo se completa." O livro funda-se no conflito entre uma poesia racional emocional cravada em cinco palavras permutáveis: corpo/mito/mulher/ objeto/palavra.
7. Referência à questão entre o consciente e o inconsciente e o problema da criação literária. Por trás disto está tanto um Freud como Lacan, Leclaire, Laplanche-Pontalis e outros. Aqui: o poema consciente de hoje *versus* (ou complementando) o inconsciente de ontem.
8. Comentários sobre a Geração 45, que engloba uma série de poetas neo-românticos surgidos nas décadas de 40 e 50, da qual

muito se fala e sobre a qual ainda não apareceu nenhum estudo maduro. Nem mesmo o meu artigo "Geração 45: um mal-entendido faz 25 anos" *(Jornal do Brasil,* 1.7.1970), escrito a pedido de Otto Lara Rezende, procede a um estudo rigoroso do problema.
9. Referência à revista *Invenção* surgida em 1962, sob a responsabilidade dos poetas concretistas de São Paulo, que chegou a anunciar no seu primeiro número que iria publicar poemas meus. Fato que muito me desvaneceu, mas que nunca se concretizou.
10. Referência à revista *Tendência* surgida em 1957, em MG, reunindo um grupo de escritores que defendia uma literatura nacionalista: Affonso Ávila, Rui Mourão, Fábio Lucas, Fritz Teixeira de Salles etc. O número quatro da revista (1962) chegou a publicar um poema meu.
11. Revista organizada por Mário Chamie, que no princípio da década de 60 disputou com os concretos e com os mineiros a liderança dos grupos de vanguarda. Como aconteceu com as outras revistas, só recentemente sentei e resolvi ler atentamente tudo o que pretendiam.
12. Alusão ao grupo *Poema Processo* (1967), que apela para uma poesia mais semiótica, chegando a abolir a palavra.
13. Alusão conjunta ao verso de Verlaine: *"Les sanglots longs de violons d'automne"* e à coleção *Violão de Rua,* publicada no início da década de 60, da qual participei com poemas mais voltados para aquilo que na época se pensava ser a "realidade" nacional.
14. Referência à palavra "aporia", fundamental em Heidegger *(Introdução* à *Metafísica)* e na poesia de Drummond, significando sem saída. Drummond, na verdade, usa a palavra em três sentidos: sem saída/ orquídea/ inseto. Ver poema "Áporo", de Drummond, e o livro que levei cinco anos fazendo: *Drummond: o "Gauche" no Tempo.*
15. Alusão a Vicente Celestino, autor de "O Ébrio" e "Porta Aberta". Ainda: o poeta enquanto vate possesso, louco e ébrio.
16. Os concretistas pelejaram por revalorizar insanamente o ideograma, elemento típico da escrita oriental, e para tanto carpiram intrincadas teorias que vão de Pound a Fenollosa, passando pelo poema-cartaz de Maiakovsky.
17. Referência à falta de cerimônia com que qualquer poeta inexperiente se põe a fazer "poemas visuais". Jovens e velhos.
18. Inês de Castro, que se casou secretamente com Pedro I e foi degolada em 1355 pelos inimigos. Diz a lenda que o Rei desenter-

rou-a cinco anos depois e fez toda a corte beijar-lhe as mãos. Relação também com a expressão "agora Inês é morta", significando "agora é tarde".
19. "A Moura Torta" e uma história do folclore e também da literatura, à qual, por exemplo, até Monteiro Lobato se refere em *Histórias de Tia Nastácia,* livro que deveria interessar aos lévistraussianos nacionais.
20. Forma de dizer vã/guarda. Minha tese de que as vanguardas entre 1956-1968 deveriam ter um pouco mais de *humour* como os de 1922.
21. Citação do poema de Drummond "O Sobrevivente", que começa: "Impossível compor um poema a essa altura da evolução da humanidade / Impossível escrever um poema – uma linha que seja – de verdadeira poesia. O último trovador morreu em 1914 / Tinha um nome de que ninguém se lembra mais."
22. Conforme anoto no livro *Drummond: o "Gauche" no Tempo,* na obra do poeta existem algumas imagens da duração que se opõem às da destruição: ouro, diamante, ferro, etc. Possível referência também ao ouro da Minas Gerais e ao ouro de que Drummond fala em "Política Literária": "O poeta federal tira ouro do nariz."
23. Geralmente aceita-se João Cabral de Melo Neto como o evento mais importante da poesia brasileira depois de Drummond. Inclusive as influências de Drummond são bem nítidas no princípio da obra de Cabral, coisa que não cora nem a um nem a outro.
24. João (Batista) veio antes de Cristo, Cabral depois de Drummond e antes da diáspora das vanguardas em 1960. Diáspora, bela palavra usada por Luciana S. Picchio, professora de Literatura Brasileira em Roma.
25. Lembrar relação entre concretismo e o conceptismo/cultismo, remetendo a Baltazar Gracián e sua *Arte de Ingenio y Agudeza de Espírito* (1648).
26. Ver a contradição entre os ideogramas concretistas, que apelam para a síntese, *versus* as intermináveis teorizações analíticas para explicá-los. Exercício escolar: desentranhar desses versos os nomes dos concretistas paulistas.
27. Estudante ainda, publiquei *O Desemprego do Poeta* (1962), livro ensaio que enfoca a situação estranha do poeta na sociedade burguesa-industrial.
28. Referência à EXPOESIA 1 e à EXPOESIA 2, realizadas respectivamente na PUC/Rio (out. 1973) e Curitiba (nov./dez. 1973),

que deram uma visão mais real da poesia brasileira, articulando, sem qualquer censura estética, todo e qualquer tipo de poesia que se assinasse como tal. Foram assim reunidas todas as correntes poéticas desde 1945.

29. No ano da graça de 1965 a revista *Manchete* incluiu-me entre os "delfins" da poesia brasileira. Na ocasião isto também me desvaneceu deveras e até guardei um exemplar.

30. Ferreira Gullar tem um poema no *Violão de Rua* (1962), que não é lá uma obra-prima de invenção formal, mas que, segundo ele mesmo, introduz na poesia nacional a palavra "diarréia". Transpondo: foi isto mesmo que aconteceu diante de tanta prisão de ventre forjada pelas vanguardas formalistas.

31. Ver Huizinga *(Homo Ludens)* e Jaeger *(Paidéia),* que tratam da função do poeta nas diversas sociedades primitivas e no mundo clássico.

32. Relacionamento ultimamente feito entre Chico/Caetano e a poesia brasileira, mostrando que eles solucionam problemas que os poetas literários criaram. Lembrança de uma frase-talvez-de-Gullar: não se trata de saber o que Caetano aprendeu com os concretos, mas aquilo que os concretos deveriam ter aprendido com ele. Mais: alusão a "Construção" e "Cotidiano", de Chico Buarque.

33. Ver poema "Teorréias", onde retomo a mesma mistura de teoria e prática.

34. Gregório de Matos Guerra (1623-1696), poeta ligado eroticamente à realidade, longe dessa mania de converter o livro num totem, coisa que Mallarmé e outros inventaram para a infelicidade de muitos.

35. Referência aos racionalistas que exploram a obra de Lévi-Strauss, estudioso dos bororos e navambiquaras brasileiros.

36. "E vós Tágides minhas, pois criado / tendes em mim num novo engenho ardente", Camões, *Os Lusíadas* C1, 25.

37. Volta a Gregório num de seus sonetos de contrição religiosa.

38. "Boca do Inferno", apelido de Gregório de Matos. Várias ilações. Inclusive com aquele "inferno" a que me refiro no poema "O Homem e a Letra": onde arde o inconsciente.

39. Mais Gregório citado num de seus poemas pornográficos (?!).

40. Platão e seu projeto de uma República que ou domasse ou eliminasse os poetas, porque eles falam de verdades que ameaçam a verdade comum. Ver cap. 10, *A República.* Acho que na "república das letras" a interdição existe mais gravemente camuflada.

41. Os dialetas e sofistas tiveram uma função perniciosa sobre a poesia. Ver a *Paidéia* de Jaeger.
42. Realmente andei por essas e outras bibliotecas em diversos continentes, exceto Alexandria. As de Juiz de Fora não eram boas, mas foram fundamentais, principalmente as do SAPS e do SESI.
43. Referência a Jorge Luis Borges e seus textos sobre a muralha chinesa, Babilônia e outros labirintos em *Ficciones* e *Otras Inquisiciones*.
44. Pound tinha o projeto de compor enormes "cantos", em que misturava mil línguas e culturas poéticas diversas. Homem do contra-senso, fazia versos longuíssimos e prosaicos, e usava ideogramas.
45. Ver o poema de Vladimir Maiakovsky "A Plenos Pulmões".
46. Uma certa inveja de Dylan Thomas, que disse seus poemas mundo afora pelos palcos e universidades até morrer de porre e poesia. Observar que esses três poetas – Pound, Maiakovsky e Thomas – são todos poetas de longo fôlego.
47. Citação de T. S. Eliot num de seus poemas, que sempre que procuro em minha estante não acho.
48. Há um artigo de Paul Valéry que tem este título: *"Et comme je disait quelques fois a Stéphane Mallarmé"*.
49. Há uma mania meio recente, surgida com o Estruturalismo, de se falar mal dos "humanistas" e do "humanismo". Acho que existe algo juvenil nisto. É igual àqueles ataques indiscriminados a Jung a propósito de Freud. Incrível como só sabemos raciocinar por oposição.
50. Homenagem a Alphonsus de Guimaraens num de seus poemas, que acho dispensável citar.
51. Camões de novo, através de sua poesia lírica, que aprendi a amar com o mestre Rodrigues Lapa.
52. Referência aos poemas "Burnt Norton" e "East Coker" de T. S. Eliot. Este último começa *"In my begining is my end"* e termina *"In my end is my begining"*. Efeito fácil, direis, e, no entanto, superior a tanta coisa difícil.
53. Técnica presente em todo o Eliot e em Fernando Pessoa. Ver Roman Jakobson e Luciana Stegano Picchio: "Os oxímoros dialéticos de Fernando Pessoa", ensaio no qual analisam o poema "Ulisses" de F. Pessoa.
54. Colagem de Eliot ("Gerontion", se não me engano) e Samuel Beckett *(Waiting for Godot)*. Beckett, que Marco Antônio Menezes descobriu naquela louca e talentosa Belo Horizonte de 1960.

55. *"So here I am, in the middle way, having had twenty years / twenty years wasted, the years of l'entre deux guerres / trying to learn to use words"*. T. S. Eliot, "East Coker".
56. *Dado* e *feito*, termos de filosofia popularizados por Sartre e outros, usados largamente por minha geração entre os anos 50 e 60.
57. O poema já estava pronto (o de 1966) quando reli aquela alucinada neurose de Mallarmé de querer transformar tudo em livro. Neurose e metafísica, misticismo também, ao pensar na possibilidade de "um livro total", assunto que Jacques Scherer estuda em *Le Livre de Mallarmé* e sobre o qual Jacques Derrida, de alguma forma, fala no primeiro capítulo de *A Escritura e a Diferença*.
58. Palavra talvez equivalente à "escrita", mas que tem os mais diferentes significados. Entre eles: valorização da palavra enquanto letra e signo escritos em oposição à oralidade. Quem quiser mais informação veja: *Dicionário Enciclopédico das Ciências da Linguagem* de Ducrot e Todorov. Ver também o citado Derrida.
59. Referência a Sansão, que tinha a força vinda de seus longos cabelos, e a "Jandira", poema de Murilo Mendes: "e os cabelos de Jandira cresciam furiosamente com a força das máquinas". Alusão à vida descabelada dos *hippies* e à literatura irracional que produziram e que chamo também de "lixeratura". O poeta *underground* assim se opõe à limpeza proposta pelas vanguardas da década de 50.
60. João Cabral de Melo Neto na "Antiode Contra a Poesia Dita Profunda": "Poesia, te escrevia: / flor! conhecendo / que és fezes."
61. Entre outras coisas: confronto entre duas linhas de pensamento: São Paulo (Prometeu) *versus* São João (Eros).
62. Ezra Pound em "Usura": "Com usura nenhum homem tem casa de boa pedra." Paródia: não há de ser com a usura das palavras que o poeta construirá um bom poema.
63. E por falar em São Paulo e a falsa oposição razão/emoção, ver Guimarães Rosa: "Mesmo correndo o perigo de que os meus leitores me apedrejem, ou o que é pior, não me leiam mais, porque toquei no que eles possuem de mais sagrado, eu lhes digo: Goethe nasceu no sertão, como Dostoiewsky, como Tolstoi, como Flaubert e Balzac (...) Zola, como exemplo oposto arbitrário, provinha apenas de São Paulo" (entrevista a Gunter Lorenz).

SOU UM DOS 999.999 POETAS DO PAÍS

INTRODUÇÃO SÓCIO-INDIVIDUAL DO TEMA

1

Sou um dos 999.999 poetas do país
que escrevem
enquanto caminhões descem pesados de cereais
e celulose
ministros acertam o frete dos pinheiros
carreados em navios alimentados com o óleo
que o mais pobre pagará.

(– Estes são dados sociais
   de que não quero falar, embora
   tenha aprendido em manuais
   que o escritor deve tomar o seu lugar na História
   e o seu cotidiano alterar.)

Sou um dos 999.999 poetas do país
com mãe de olhos verdes e pai amulatado
ela – a força de áries na azáfama da casa
    a decisão do imigrante que veio se plantar
ele – capitão de milícias tocando flauta em meio às balas
    lendo salmos em Esperanto sobre a mesa domingueira.

(– Estes são sinais particulares
   que não quero remarcar, embora
   tenha aprendido em manuais
   que o que distingue a escrita do homem
   são seus traços pessoais que ninguém pode imitar.)

2

DESENVOLVIMENTO HÁBIL E CONTÁBIL DO (P)R(O)BL(EMA)

Sendo um dos 999.999 poetas do país
desses sou um dos 888.888

que tiveram Mário, Bandeira, Drummond, Murilo,
        [Cecília, Jorge e Vinícius como mestres
e pelas noites interioranas abriam suas obras
lendo e reescrevendo os versos deles nos meus versos
com deslumbrada afeição.

Desses sou um dos 777.777 poetas
que se ampliaram ao descobrir Neruda, Pessoa, Petrarca
        [Eliot, Rilke, Whitman, Ronsard e Villon
em tradução ou não
e sem qualquer orientação iam curtindo
um bando de poetas menores/piores
que para mim foram maiores
pois me alimentavam com a in-possível poesia
e a derramada emoção.

Desses sou um dos 666.666 poetas
que fundando revistinhas e grupelhos aspiravam (miudamente)
à glória erótica & literária
e misturando madrugadas, festas, citações, sonhos de
        [escritor maldito e o mito das gerações
depois da espreita aos suplementos
batem à porta do poeta nacional para entregar
poemas
(com a alma na mão)
esperando louvor e afeição.

Desses sou um dos 555.555
que um dia foram o melhor poeta de sua cidade
o melhor poeta de seu estado
dos melhores poetas jovens do país
e quando já se iam laureando aqui e ali em plena arcádia
surpreenderam-se nauseados
e cobrindo-se de cinza retiraram-se para o deserto
a refazer a letra do silêncio
e o som da solidão.

Desses sou um dos 444.444 poetas
que depois da torrente de versos adolescentes e noturnos
se estuporaram per/vertidos nas vanguardas

e por mais de 20 anos não falamos de outra coisa
senão da morte do verso e da palavra e da vida do sinal
acreditando que a poesia tendia para o visual
e que no séc. XXI etc. e etc. e tal.

Desses sou um dos 333.333 poetas
que depois de tanto rigor, ardor, odor, horror
partiram para a impureza (consciente) das formas
podendo ou não rimar em *ar* e *ão*
procurando o avesso do aprendido
o contrário do ensinado
interessado não apenas em calar, mas em falar
não apenas em pensar, mas em sentir
não apenas em ver, mas contemplar
fugindo do falso novo como o diabo da cruz
porque nada há de mais pobre que o novo ovo de ouro
gerado por falsas galinhas de prata.

Desses sou um dos 222.222 poetas
que penosamente descobriram que uma coisa
é fazer um verso, um poema ou mais
e receber os elogios médio-medianos dos amigos
e outra, bem outra, é ser poeta
e construir o projeto de uma obra
em que vida & texto se articulem
    letra & sangue se misturem
    espaço & tempo se revelem
e que nesta matéria revém o dito bíblico
– muitos os chamados, poucos os escolhidos.

Desses sou um dos 111.111 professores
universitários ou não
que antes de tudo eram poetas-patetas-estetas-profetas
e que depois de ver e viver da obra alheia
estupefactos
descobrem que só poderiam/deveriam
sobreviver
com a própria
        que escondem e renegam
por pudor

        recalque
          e medo.

Sou um dos 999 poetas do país
que
sub/traídos dos 999.999
serão sempre 999 (anônimos) poetas
expulsos sistematicamente da República por Platão
que um dia pensaram em mudar a História com dois versos
                                      [pena & espada
(o que deu certo ao tempo de Camões)
e que escrevendo páginas e páginas não mudaram nada
senão de tinta e de endereço.
Mas foi dessa inspeção ao nada que aprenderam
que na poesia o nada se perde
           o nada se cria
           e o nada se transforma.

3

CONCLUSÃO JOCO SÉRIA AO MODO DOS POETAS MODERNISTAS

Sou um dos 999.999...

Novecentos e
noventa   e
nove   mil
novecentos e
noventa   e
nove
      poetas
          – devo dizer,
isto sem contar os violeiros, os sambistas
e os escriturários que se sentam em largas mesas
e protocolam o tédio do país.

A EDUCAÇÃO DO POETA E DE OUTROS HEBREUS NA CORTE DE NABUCODONOSOR

ou

girando nas sem-saídas de seus tormentos estético-existenciais o poeta chega aos 30 anos e compõe um texto estranho/estrangeiro onde a poesia está em prosa e a prosa em poesia e onde mais do que a invenção literária lhe interessa exorcizar fantasmas de ontem e hoje

1

§. *Nell mezzo del cammin di mia vita mi retrovai*[1] a trinta passos de mim e o mesmo tanto do fim. Clareira em fins de março, primavera em terra estranha, *april is the cruellest month of the year*;[2] mas áries tem os músculos da espera, embora as linhas do coração.[3] – Não, *I'm not an old man in a dry month*,[4] mas um corpo[5] que se decifra enquanto se inscreve. *Do I dare to disturb the universe*?[6]

§. *Nell mezzo del cammin* súbito encontrei-me mais além da *selva selvaggia*.[7] – Qual o texto-áureo, perguntava-me meu pai, ao ver-me voltando da escola dominical.[8] – Não entendo, meu pai, não entendo. Mas ele abria a imensa Bíblia e o salmo imenso: de que maneira poderá o jovem guardar puro o seu caminho? Sei que os inimigos espreitam-me para perder-me, perdoai-me, pai, se aborreço a unidade e nunca amei a lei.[9]

§. Qual o sentido? Qual o sentido?[10] Isto se busca por dentro, idiota, depois de aberta a porta, cara a cara com o Minotauro.[11] *Noigandres, eh, Noigandres*![12] Esse diabo fermentou-me a adolescência, poluiu-me a ingenuidade, eis-me reverberado traspassantetrespassado com um troféu guerreiro pendendo-me dos lábios. Trouxeste a chave? *Ah, si j'eusse étudié au temps de ma jeunesse folle!*[13]

§. *Noingandres, eh, Noingandres*! que diabo é isto em mim? Essa esfinge digestada, enig(a)mada. Só um Édipo, ex-pastor[14] expatriado poderia, *Mene, Mene, Tekel,*

Ufarsin.[15] O que não corta a general espada, decifram os sonhos do p(r)o(f)eta. Como evitar os sátrapas, Daniel? Chama teu corpo de água e fruta[16] evocando leão em áries. E na madrugada quando insone o rei vier, ostentai-lhe o corpo áureo-lavrado. Nada se decifra sem jejum: *Mene, Mene, Tekel, Ufarsim. What devil does that mean?*
§. *Nell mezzo del cammin* tinha uma pedra[17] tinha uma pedra *nell mezzo dei cammin*.

2

§. Direis:
Mas é terrível esta escritura
e impossível o seu entendimento.
De fato:
...e Nabucodonosor chamando os sábios da Babilônia disse:
qualquer que ler esta escritura
e me declarar a sua interpretação
será no reino o terceiro dominador.
§. Então
entraram todos os sábios do Rei,
mas não puderam ler a escritura.
E Daniel disse: teus dons fiquem contigo, ó Rei!
e dá teus presentes a outro,
pois lerei a escritura
e lhe farei saber a interpretação.

3

E começou anotando:
1. O verso italiano é de Dante abrindo-se aos infernos, verso que no ano da graça de 1968 me situa a mim no meio da vida e do inferno (literário) em que me meti, inferno em que há toda sorte de pecados capitais e provincianos.
2. Ainda uma vez e sempre T. S. Eliot no insanável poema "The Waste Land" (1922), que roda em minha mente em todas as estações do ano.

3. Nascido em março, consumidor de horóscopos e magias, tendo desejado ser leão, hoje carneiro a varrer de uma só testada todos os equívocos (literários) de que me acumularam, misto de emoção e razão conforme a leitura de minha mão pela cigana e a leitura de mim mesmo em meus poemas.
4. E revém Eliot corroendo-me a escrita puritana que corrói tangendo-me nos pêlos, ele tão fácil de mil acusações protestantes e cartesianas.
5. E persiste o corpo como persistiu o corpo nos poemas meus de antanho, como persiste a escrita do escriba nas folhas de estanho, escrita e vida: dívida de vida.
6. Tal é a canção de Alfred Prufrock que Eliot compôs e sempre me arrepia.
7. Selva tanta vez citada por outros, citada como exuberância ornamental, retórica selvagem, selva de leões, lobas, leopardos, tal como na entrada do Inferno, lutando pelo poder (literário).
8. Eu, crente em N. S. Jesus Cristo regressando faminto da Escola Dominical, nunca guardando as lições, mal entendendo, só depois, o que era um "texto-áureo" e o férreo texto da Lei.
9. Pai meu, imenso pai morto com a Bíblia imensa e viva, e a família toda ali em torno à mesa. Perdoai-me, mas sempre aborreci a unidade (literária) e pouco amei a lei e as ce(n)suras das escolas e suplementos dominicais.
10. O sentido é o sentido do sentido como o coração é o coração do coração e fala pela boca do coração: verso de Huidobro que talvez eu ame mais que *The Meaning of the Meaning* (Ogden & Richards) e toda a Semiologia desde Saussure até Deleuze e os pós-estruturalistas e istas, e istas, e istas.
11. Minotauro e Teseu: o outro e eu, o touro encurralado e primaveril de outros poemas, o dúbio Minotauro anualmente devorando 7 cavaleiros e 7 donzelas, pois da verde carne humana nos labirintos de Creta se nutria.

12. Noigandres, eh, Noigandres! que diabo significa isto?
    diz o velho filólogo no poema de Ezra Pound ante
    a indecifrável palavra. Noigandres, eh, Noigandres!
    seguia eu ante a revista homônima dos concretos
    e suas "teorréias", que como o *pharmakon* grego
    de *Platão* serviam remédio e veneno à juventude.
13. Poeta meu desesperado, François Villon, já antes citado,
    medieval e enforcado por crimes (nada literários).
    Ah, se eu tivesse estudado nos tempos de minha
    louca juventude, e lido os clássicos e consumido
    os modernos! talvez mais cedo descartado estaria
    dos pesadelos (alheios) e impensados.
14. Também Édipo eu, anos vários de análise e como o grego,
    não mais pastor, ele de campos, eu de almas pelas
    praças de Minas, ele exilado, eu estranho-estrangeiro como Sófocles na *Antígona,* que Heidegger,
    Drummond e eu interpretamos.
15. E vendo Daniel aquelas palavras disse: contou Deus o
    teu reino (literário) e o acabou; pesado foste na
    balança (literária) e achado em falta; dividido foi o
    teu reino (literário) e deu-se aos medos e persas.
    Este o enigma (literário) em que me meti: *Noigandres,
    eh, Noigandres, what devil does that mean?*
16. E eis que evitando as iguarias e a retórica do Rei, alimentando-se de frutas e legumes, Daniel e seus amigos (poetas) se apresentaram como os mais belos
    e sadios da corte de Nabucodonosor.
17. Esta a escrita cruzada que na parede do Rei se leu: no
    inferno de Dante – a pedra de Drummond; na literatura do profeta – a bíblia do poeta.

4

§. E entraram todos os sábios do Rei e disseram:
maldito seja este que nos engana a todos em nossos
sonhos e segredos.
Mas o Senhor, levantando seu rosto, disse:
vai, Daniel, porque estas palavras estão fechadas
e seladas ao tempo do fim.

A LETRA E O TEMPO
(um poema dito espontâneo como muita gente não tem
mais coragem de escrever)

Daqui a um cem número de anos (prevêem os cientistas)
a Terra estará coberta de gelo, convertida em desolada Antártica.
Ainda não se sabe se o frio virá aos poucos, definhando,
                            [recolhendo
e espiando os homens em suas tocas
ou se, súbito, congelará a bicicleta e o menino
o engenheiro em seus esquadros
o guarda em suas esquinas
e todas as letras e livros e estantes acumuladas desde
                            [a idade dos sumérios.

Todas as palavras hirtas
as tábuas da lei, *O Livro dos Mortos, O Alcorão,*
   O Finnegans Wake – tormento enfim fossilizado
num planeta gélido ex-correndo no vazio.

Fria a letra, frio, talvez, o sentido
desses textos e o sangue das batalhas de Homero
e os álgidos tratados de ironia de todos os sábios e Cervantes
petrificadas e transparentes as enciclopédias
e os poemas de Li-Po e os escritos em rocha viva dos fenícios
toda pedra, enfim, onde uma só letra houver
espesso gelo descerá sepultando um sol longínquo.

E assim pousados (eternamente) aguardaremos
quem sabe um arqueólogo ou um deus silencioso
que roçando as asas sobre essas geleiras de *vana verba*
absorto se indagará: *où sont les feux d'antan?*
e sobre as neves *d'aujourd'hui* irá lendo *les chimères et*
                            [*les sagesses et les folies eternelles*
e cauteloso, como convém ao sábio, irá colhendo a
                            [estória do perdido paraíso
o cântico dos cânticos, o realizado apocalipse
e só compreenderá o estranho ser humano
quando desse livro depreender a mensagem:
onde se leu fogo, leia-se água
onde se escreveu tudo, leia-se nada.

O POETA REALIZA A TEORIA E A PRÁTICA
DO SONETO, CONVENCENDO-SE DE QUE NÃO
HÁ FORMAS ESGOTADAS, MAS PESSOAS ES-
GOTADAS DIANTE DE CERTAS FORMAS

SONETO COM FORMA

forma forma forma forma forma forma forma
forma forma forma forma forma forma forma
forma forma forma forma forma forma forma
forma forma forma forma forma forma forma

forma forma forma forma forma forma forma
forma forma forma forma forma forma forma
forma forma forma forma forma forma forma
forma forma forma forma forma forma forma

forma forma forma forma forma forma forma
forma forma forma forma forma forma forma
forma forma forma forma forma forma forma

forma forma forma forma forma forma forma
forma forma forma forma forma forma forma
forma forma forma forma forma forma forma

SONETO COM FUNDO

fundo fundo fundo fundo fundo fundo fundo
fundo fundo fundo fundo fundo fundo fundo
fundo fundo fundo fundo fundo fundo fundo
fundo fundo fundo fundo fundo fundo fundo

fundo fundo fundo fundo fundo fundo fundo
fundo fundo fundo fundo fundo fundo fundo
fundo fundo fundo fundo fundo fundo fundo
fundo fundo fundo fundo fundo fundo fundo

fundo fundo fundo fundo fundo fundo fundo
fundo fundo fundo fundo fundo fundo fundo
fundo fundo fundo fundo fundo fundo fundo

fundo fundo fundo fundo fundo fundo fundo
fundo fundo fundo fundo fundo fundo fundo
fundo fundo fundo fundo fundo fundo fundo

SONETO COM FORMA E FUNDO

forma fundo forma fundo forma fundo forma
fundo forma fundo forma fundo forma fundo
forma fundo forma fundo forma fundo forma
fundo forma fundo forma fundo forma fundo

forma fundo forma fundo forma fundo forma
fundo forma fundo forma fundo forma fundo
forma fundo forma fundo forma fundo forma
fundo forma fundo forma fundo forma fundo

forma fundo forma fundo forma fundo forma
fundo forma fundo forma fundo forma fundo
forma fundo forma fundo forma fundo forma

fundo forma fundo forma fundo forma fundo
forma fundo forma fundo forma fundo forma
fundo forma fundo forma fundo forma fundo

SONETO DA ROSA

rosa rosa rosa rosa rosa rosa rosa rosa
rosa rosa rosa rosa rosa rosa rosa rosa
rosa rosa rosa rosa rosa rosa rosa rosa
rosa rosa rosa rosa rosa rosa rosa rosa

rosa rosa rosa rosa rosa rosa rosa rosa
rosa rosa rosa rosa rosa rosa rosa rosa
rosa rosa rosa rosa rosa rosa rosa rosa
rosa rosa rosa rosa rosa rosa rosa rosa

rosa rosa rosa rosa rosa rosa rosa rosa
rosa rosa rosa rosa rosa rosa rosa rosa
rosa rosa rosa rosa rosa rosa rosa rosa

rosa rosa rosa rosa rosa rosa rosa rosa
rosa rosa rosa rosa rosa rosa rosa rosa
rosa rosa rosa rosa rosa rosa rosa rosa

DEPOIS DE TER EXPERIMENTADO TODAS AS FORMAS POETICAS, TER-SE ALISTADO NAS VANGUARDAS E DELAS SE DESVIADO (TATICAMENTE), O POETA RECAI FELIZ NO SONETO, FAZENDO NÃO APENAS AQUELES SONETOS CONCRETOS, MAS UM POEMA ONDE REPENSA DIVERSOS PROBLEMAS AO NÍVEL DO CONTEÚDO NUM TEXTO ESCRITO NUM JORRO SÓ.

A vida por outros já descrita e os sentimentos
antes únicos, agora tornados comuns, de todo mundo,
recaio no soneto, forma de silêncio, onde o dizer
é não-dizer, que não-dizer é o que (dizer) venho.

Forma melhor de escrever é ler e ler nos outros
o que pensamos ser só nosso e é de tantos, há tanto,
que nada de novo existe, *topos* com que topo eu,
lugar-comum de tantos tipos comuns que me reescreveram.

Aceitar o não-dizer, dizer-nenhum, abrir mão da fala
e do falo, para que o amor flua e nunca falho se retenha
numa só parte do corpo avesso a se entregar.

O silêncio da fala do verso, o silêncio difícil da forma
alcançada como quem se deposita vivo numa linguagem
maior que nos transcende e nos engana enquanto fala.

TEORRÉIAS

§. Don Miguel de Saavedra y Cervantes, talvez porque perdesse muito tempo prisioneiro no Norte da África até que a rainha o resgatasse por 500 moedas de prata, não pôde estudar estilística com Dámaso Alonso e Helmut Hatzfeld, mas já temia que Borges e Pierre Menard lhe escrevessem o *Don Quijote*.

§. Scheherazade, sem que o Rei notasse e acoimada pela irmã, pulou as páginas das *1001 Noites* escritas por Tzvetan Todorov sabendo que naquele exato momento ele estava reescrevendo *O Decamerão.*

§. Rabelais ainda não pôde ler Starobinski, Skolovsky e os pesquisadores da École de Hautes Études, mas soube de Balzac que ele deixou de lado *A Comédia Humana,* tão interessado anda no *S/Z* de Barthes e nos cursos de semiologia da Sorbonne.

§. O cacique Bororo com *O Cru e o Cozido* debaixo dos braços bateu à porta da Alliance Française pedindo que M. Lévi-Strauss lhe ensinasse finalmente a língua de Montaigne.

§. Joyce certamente escreveu o *Finnegans Wake,* viveu em Trieste e sabia mil línguas, mas morreu, e isto é grave, sem ter lido o Plano-Piloto da Poesia Concreta.

§. Cristo, por exemplo, não foi à missa no último domingo.

§. O passado é que precisa de profetas.
    O futuro a Deus pertence.

O POETA SE CONFESSA ENFASTIADO DE SUA PROFISSÃO

1

Por profissão destruo poemas meus e alheios
– porque me pagam
e é o que melhor faço.

Abri-los, desmontá-los
aos inocentes olhos de alunos
– que muitos se maravilham!

Alguns poderão nunca sentir
– os mais felizes, talvez
estes, os são-tomés-de-agora-e-sempre.

Com eles me fascino,
pois em sua dureza ingênua
me ensinam

que por mais que tente ou tentem
sobra algo que explicar;
que o homem tem seus limites
diante do que ele fita
e isto é que o salva ainda que o infelicite:
que seja o homem finito
diante da própria fala
e que ela se iniba face ao objeto
como o impotente
diante do falo.

Àqueles que, explicador, não convenço
deixo meu debitado saldo,
que me ensinam que algo há que nos livra
de sermos Midas[2] perdendo frutos,
Anfion[3] tangendo pedras.
Com eles me persigno
e me comunico
              – pelo incomunicável.

2

Por profissão, cansaço e nojo
quebro os diques, ainda que deles guardião,
deserto meus oásis por muito usá-los
como operário que se explode com a mina.

Tenho que servir poesia
a horas certas, *à la carte,*
toalha limpa, entradas, sobremesas;
e depois de tanto bem mal-servi-la, concluo
que poemas são como gente:
as mais virtuosas, as bem nascidas, as bem vestidas
nem sempre são as que mais transmitem vida.

Entre empresário com sua *troupe* de enganos
e obstetra com fórceps forçando natimortos,
disponho o poema em padiolas
como um esquisito cadáver lunar[4]
e, às vezes, se dá que do perecível

montão de formas – que chamamos poesia,
algo se transfigura e surpreende
num bíblico ressuscitar.

3

Por profissão, ainda,
me farto de literatura:
criticismos irrefutáveis,[5] estruturas demonstráveis,
estratos semânticos, sonoros, metafísicos, sintáticos, inodoros.[6]

Aristóteles – flor de retardo
brotando dos *slums* de Chicago,[7]
argúcia barroquíssima,[8] gestaltes,[9] *weltanschauung*.[10]

Cato ideogramas[11] com mandíbulas
como se cardos tocasse.
Maneirismos sutilíssimos,
artefatos bimembres,[12] quase humanos,
um chá das cinco literário de
um certo Sir Eliot,[13]
medievalismos em retalho
de um desmesurado Mister Pound,[14]
palimpsestos recompondo
microcosmos joyceanos.[15]

E eu peço e analisam
(às vezes, não encontram, mas sempre analisam),
eu, que nunca me dei com *analuos*[16]
sintáticos, sociais, seja o que for;
eu, fruto de intuições, sínteses sonoras
que iludem mais que a ti,
iludem a mim
            – árduo leitor.

NOTAS:

1. Esse foi o primeiro poema que escrevi dentro dessa linha de tentar teorizar sobre poesia dentro da própria poesia ao mesmo tempo em que me exorcizava de meus fantasmas literários. Escrito em 1967, já traz o impasse entre o professor e o poeta.

2. Midas: filho de Górgias e de Cibele e rei da Frígia, obteve de Baco a virtude de transformar em ouro tudo em que tocasse. Daí por diante, até o seu alimento se convertia no precioso metal. Desesperado, quase a morrer de fome, no meio de uma enganadora abundância, pediu ao deus que o livrasse de tão funesto dom. Baco fê-lo então banhar-se no Páctolo, que, daí, passou a ter paletas áureas em seus areais. Cf. *Vocabulário e Fabulário da Mitologia,* de Joaquim Chaves Ribeiro.
3. Anfion: filho de Antíope, rainha de Tebas, havido de Júpiter disfarçado em sátiro; irmão gêmeo de Zeto, e esposo de Niobe, foi educado por pastores. Apaixonado pela música, recebeu de Mercúrio uma lira tão maravilhosa que, ao edificar as muralhas tebanas, as pedras, sensíveis à doçura dos seus acordes, iam, por si mesmas, tomando os respectivos lugares (...) Em honra das 7 cordas da sua lira, abriram-se, nos muros, 7 portas protegidas por inexpugnáveis torres. *Idem, ibidem.* Como trabalho escolar talvez alguém sugira comparar meu poema com o de João Cabral de Melo Neto, "Fábula de Anfion", o que não deve ser feito em hipótese alguma.
4. Os surrealistas inventaram a brincadeira do "cadáver esquisito", ou seja: a poesia nascida dos disparates, de frases aleatórias feitas por pessoas diversas, e que, porque absurdas, tinham um tom poético.
5. Cansaço das leituras sobre o *new criticism* criado na década de 20 e na de 50 valorizado no Brasil.
6. Referência à teoria de Roman Ingardem sobre os estratos ou camadas que perfazem um texto literário, no Brasil divulgada por Maria Luíza Ramos em *Fenomenologia da Obra Literária.*
7. Um dos centros do *new criticism* americano era a escola de Chicago. Pregavam uma releitura de Aristóteles. Autor que certamente nunca foi o preferido dos negros americanos.
8. As análises de Dámaso Alonso, Carlos Bousoño e Amado Alonso sobre os poetas e autores barrocos tiveram enorme influência no Brasil na década de 50.
9. Referência à teoria da *Gestalt* (Wilhelm Wundt) surgida no fim do séc. XIX na psicologia e que influenciou a crítica literária pré-estruturalista.
10. Palavra alemã que esteve em moda na década de 50, significando: visão do mundo e filosofia de vida.
11. As teorizações aportadas pelos concretistas sobre o ideograma chinês incrementavam essa náusea crítica.
12. Dámaso Alonso demonstra a construção bimembre dos

versos barrocos em consonância com uma visão dualista do universo.
13. Meu primeiro Eliot foi a representação da peça *O Crime na Catedral;* e do poeta passei ao crítico até fazer a introdução aos seus ensaios: *A Essência da Poesia,* Artenova, Rio, 1972.
14. Ezra Pound, em seus poemas e críticas, redescobriu autores medievais e os foi citando em seus textos, incorporando a tradição ao presente. Pound mistura versos longuíssimos e prosaicos com o ideograma, para o ocidental, sintético.
15. Um palimpsesto é um pergaminho raspado por copistas e polido com marfim para permitir nova escrita, sob a qual modernamente se tem conseguido avivar os antigos caracteres. Para mim *Ulisses* e *Finnegans Wake* de James Joyce são isto.
16. O *analuos* (análise) em grego está no singular, minha concordância, no plural. Se não for uma silepse é uma licença poética, como ensinava mestre Gotardelo a esse ginasiano.

(Los Angeles, 1967 – Rio, 1975)

O LEITOR E A LETRA

Cada vez mais preparado a ler Cervantes
enfim, reler Machado,[1] tendo aprendido
o ordinário alfabeto, apto a ler
não os personagens, mas
o homem atrás do homem, o contrário,
portanto, de tudo quanto leio e ensino,[2]
vendo sobre a letra a mão que escreve
e me soletra – a mim leitor solerte,
apto agora a liberar as surpresadas
contradições que aprendo a amar,
aceitando minha verdade mais grosseira,
forjando a mentira mais sincera,
sinto que tanto mais eu erro
quanto mais da verdade ando por perto.

Como outros néscios, já tive um dia
a fórmula da verdadeira poesia. E Rosa[3]
que disse isto e o salmista que não disse

sabem que a lógica é a faca
com que se dizimam homens e canções.

Mas hoje eu sei o que é dado
a um mortal ignorar na minha idade:
sei o que é a letra e o desejo,
        a vida e a grafia,
        o traço e a troça,
        a basófia e a empáfia
e que tudo não passa de uma luta
pelo seio mamário e o poder (literário).
Sei do unicórnio louco rondando o chafariz da praça,[4]
segui Sócrates fora dos muros da cidade
vertendo veneno em remédio e remédio em nada,[5]
ouvi o canto do jaguar, dos bororos e Asdiwal,[6]
mas deixando a oca adolescente
fugi ao rito de iniciação e internei-me
na casa verde com meu velho alienista.[7]

Estou repleno da retórica gongórica
e da política poética e patética,
gaulesa e saxônica,
tropical e homônima. Sei
onde terminam o gesto e o poema,
a gestação do tema ou digestema,
o sêmen e o semema,[8]
o morfema e o dilema,
o avestruz e a ema,
o que é o escuro do ovo
e a clara da gema,
a torpeza da fala
              – e o silêncio do esquema.

Ah, eu bem conheço os vossos pergaminhos
e as falácias de nossos filosofemas.
Desci dos arcanos dos sumérios
da epistemologia balofa e doentia
inflando dissenções à boca pequena.
E repito que o poema nem sempre é meu abrigo
e que nem tudo se faz para chegar ao livro,[9]

que no poema se fecham amigos
(e inimigos) por invalidez da vida.

Por isso, deixei de reescrever figuras
para encarnar metáforas,
embora possa como Santo Tomás por sete dias[10]
manter as mais altas discussões
sobre as falsidades lógicas
que empilhamos desde a Grécia
e conduzir peripatético o jovem incauto
pelas sandices do jardim.[11]

Uma coisa é fluir prazeres enquanto se escreve
(o que nem sempre é literatura).[12] E outra, bem outra
é carpir com a letra um móvel estético (ou estático),
conforme a lei da usura (literária).[13]
A felicidade-catarses na hora de fazer?
ou a realização-satisfeita de ter feito?
Bom seria, com Mário de Andrade, me dizer:
– eu fiz de minha vida um rasgo matinal,
eu me dei um destino: fundamento de felicidade
e dignidade na vida de um homem
enquanto eles ficaram sem nenhum.[14]

Meu mal, parece, foi ter vivido ao pé da letra
sorvendo frutos que Midas desdourou.[15]
Meu bem, quem sabe? foi ter lido Po-Chu-i
com quem descubro
        que não tenho o coração de um sábio
           não sei liberar-me de sentimentos vulgares.[16]
E por aí, relendo Borges – esse machadiano argênteo/
                                     [argentino
me desobrigo da amargura da escritura
e me desfaço daquilo que persigo. Repleno
saio já do labirinto e vejo inscrito:
        "que outros se jactem das páginas que escreveram
        a mim me orgulham os livros que tenho lido".[17]

NOTAS:

1. Cervantes e Machado simbolizam, entre outros, a escrita adulta, os indivíduos que sabem que a "verdade" não está nem de um lado nem do outro. Como nos sábios irônicos, neles a "verdade" é algo dúbio e que se realiza ou se manifesta contraditoriamente.
2. Há muito que as análises literárias ensinam que o personagem é um ser autônomo do autor, que não se deve misturar biografia do autor com a biografia do personagem.
3. Referência à luminosa entrevista de Guimarães Rosa a Gunter Lorenz, onde diz coisas como estas: "convenci-me um dia de possuir a receita da verdadeira poesia". Ou então: "sobretudo, eu descobri que a poesia profissional que a gente tem de lançar mão nos poemas pode ser a morte da verdadeira poesia". Essa referência ao poeta-rei Davi vem do uso da palavra que ele faz. Num certo momento da feitura desse texto pensei num poema que fosse todo ele citação de frases famosas sobre o que é que não é poesia, para mostrar o certo/errado contraditório de tais afirmações.
4. Serge Leclaire analisando o sonho de um de seus pacientes no livro *Psychanalyser* faz uma incrível interpretação em que se observa a junção da análise literária moderna e da psicanálise. No sonho do personagem Filipe apareceu um unicórnio e suas marcas junto a um chafariz numa antiga cidade.
5. J. Derrida em "La Pharmacie de Platon" faz um estudo do *Fedro* de Platão, analisando o episódio em que Sócrates sai dos muros da cidade para discutir a verdade. O texto sofisticadíssimo de Derrida mostra a ambivalência da verdade e o sentido de "veneno" e "remédio" que estaria em *pharmakon*. Ver nota 1.
6. Referências às muitas análises de Lévi-Strauss, especialmente aquelas de *O Cru e o Cozido*, onde analisa centenas de mitos indígenas brasileiros. Menção da Gesta de Asdiwal também analisada por aquele antropólogo.
7. Machado de Assis, em *O Alienista*, mostra que a loucura e a razão são conceitos ideológicos, portanto, relativos. Aí aparecem a loucura da razão e a razão da loucura.
8. Rimas em *ema* parodiando o vocabulário das análises semânticas baseadas em Greimas e Poitier.
9. Aquela frase de Mallarmé de que tudo que ele fazia ou pensava aspirava a ser um livro, frase que já comentei em poemas anteriores.
10. Entre os anos de 1256 e 1259, Tomás de Aquino manteve 250 discussões em classe sobre a "verdade". Cada classe demorou 7 dias.
11. Qualquer um pode converter-se em Sócrates servindo veneno

& remédio à juventude, porque sempre há público para novas seitas e gente buscando gurus.

12. Gostaria também de fazer uma literatura natural e simples como a própria respiração. Mas sei que a literatura é um sistema repressivo com leis e penalidades, com cesuras e censuras. Talvez a literatura nada mais seja do que um canteiro de neuroses, e o ideal seria que todos escrevessem o que quisessem como quisessem. Uma atividade comunitária e anônima. Mas isto parece impossível; comido o fruto, fomos todos expulsos do jardim.

13. O avesso disto também não contém a verdade. Só porque uma obra é sistematizada, perfeita como um obelisco, não quer dizer que seja boa. Enfim, permanece a questão entre Orfeu e Prometeu, entre a letra e a vida. Desde *Canto e Palavra* que tropeço nisto.

14. Citação do poema de Mário de Andrade, "Louvação Matinal", e de uma de suas cartas a Manuel Bandeira. O mesmo problema entre a vida e a literatura, o natural e o cultural. Pode alguém dizer que Mário por causa disto não foi um grande poeta. Nesse caso, ser grande poeta é secundário.

15. Essa palavra aí, "desdourou", tem um sentido que não consigo bem explicar. Penso em cortá-la e colocar "perverteu". Relendo poemas meus vez por outra vejo palavras cujo sentido real ignoro.

16. Relendo textos como esse me abismo com minha pequenez. Deveria conviver mais com o livro de Jó e certos salmos de Davi e Salomão.

17. Mentirosa essa afirmação do Borges e a minha. Primeiro, porque para ele ler e escrever são a mesma coisa. Por isso sempre imagina personagens reescrevendo livros famosos, e o que faz não é mais do que ler/escrever a história de novo. Quanto a mim é mentirosa a afirmação porque:

> há nove anos carrego de país em país,
> de mulher em mulher,
> de mesa em mesa
> um bolo de poemas
> que não termino (nunca) de escrever.
>
> Pelas madrugadas releio as folhas envelhecidas.
> Ali os poemas que vivem de não serem jamais escritos:
> insônia diurna?

pedra filosofal?
ou vida que roubo à vida
no meu eu in-mundo?

Que razão haveria de conservá-los atados ao meu corpo
como uma pedra ao rim
se há muito descarto todos os disfarces de mim?

Com um obsessivo escriba em círculos de nada
ou o homem que há anos limpa os degraus da torre
esses poemas são a isca do peixe ausente
gavinhas de muro algum.

Se eles se perdessem ou me caíssem do avião
não se perderia muito, senão que eu me perderia a mim
e perdido se perderia a escrita da origem e o fim
e eu já não saberia onde me encontrar
na re-leitura de mim.

POEMA CONCEITUAL: TEORIA E PRÁTICA CESSÃO SESSÃO SECÇÃO
de idéias para outros poetas

§. POEMA-BALÃO: compre um ou mais balões de borracha e sobre ele(s) escreva um poema conhecido ou inédito; depois exploda-o com um alfinete ou deixe-o murchar. O poema pode se chamar também – poesia evanescente.

§. POEMA-ESPELHO: compre numa loja um espelho, ou do tamanho do corpo humano ou apenas do rosto, e corte nele as letras da palavra EGO. Recortado no espaço, o poema só existe na presença do espectador e dá margem a grandes colocações metafísicas e psicanalíticas.

§. POEMA-VELA: mande construir uma vela, mas que tenha o formato das letras da palavra LUZ, sendo que uma letra deve vir sobre a outra, pois o Z é a última letra do alfabeto. O poema vai se queimando aos poucos dentro da sala escura.

§. POEMA-PAINEL: este poema exige uma tecnologia mais avançada: um painel eletrônico como aqueles do Jockey Club, das Bolsas de Valores e dos aeroportos. Com um *expert* em computadores programe uma série de versos, palavras e letras. O poema, luminoso, operará por si mesmo n combinações semânticas dos signos, incluindo naturalmente o *nonsense*.

§. POEMA-SECRETO: uma urna onde cada um colocará (dobrado) o seu poema escrito. Convém que o poema seja anônimo, não somente para que haja maior desinibição estético-existencial, mas também para se recobrar aquele prazer medieval da obra anônima feita pelas corporações de artistas. Minha mulher sugere que no fundo da urna (transparente) acenda-se um fogo automático quando o poema cair, eternizando pelas cinzas o segredo dos poemas.

§. OBS.: a Poesia Conceitual, que certamente fará escola e suscitará infindáveis discussões teóricas, possui fundamentos que remontam aos princípios básicos da arte e da filosofia através da questão: o que é mais autêntico e superior: a idéia ou a realidade?

POESIA INDICIAL: O (DES)EMPREGO DO POETA

1. THEORIA

§. Revendo seus escritos, o poeta descobre que antes de ter criado a POESIA CONCEITUAL bem poderia ter lançado as bases da POESIA INDICIAL, que de certa maneira acumulou desde 1966 quando residia em Los Angeles. A POESIA INDICIAL difere da CONCEITUAL, porque enquanto esta última descreve o poema como um possível objeto, que não é construído na realidade, apenas mentalizado, aquela outra "indica", isto é, diz qual o tema que o poeta poderia desenvolver abstratamente. Para se justificar teoricamente a existência dessa poesia, deve-se remeter a um estudo das epígrafes usadas costumeiramente nos poemas, anotando-se também a função dos títulos que são um "índice" primitivo. Verifique-se também aquilo que hoje se chama muito de "metapoesia", ou seja, a poesia que comenta a própria poesia até chegar a esse seu estado teratológico, que é, confessadamente, a POESIA INDICIAL. Talvez esta poesia pudesse ser também chamada de "poesia abstrata" ou *in absentia*. O inconveniente de chamá-la "abstrata" é o fato de os dadaístas (entre outros) já terem usado esse nome. Isto, é claro, sem contar que se poderia achar que estou me opondo à teoria dos poetas concretos, idéia da qual o Nosso Senhor Jesus Cristo me livre e guarde.

2. PRAXIS

§. O poeta tenta descartar-se, de um só golpe poemático, do espectro drummondiano, que lhe impossibilitou, a ele e aos melhores de sua geração, de fazerem qualquer coisa de relevante em poesia. Para tanto, organiza um poema contendo versos em colagem, expressando-se ambiguamente através dos versos de Drummond, entregando-se, para de vez libertar-se, praticando, portanto, o contrário daquele conselho de Valéry: o leão é a soma de cordeiros assimilados. Sacrificialmente (e provisoriamente) prefere ser comida nesse coliseu (literário), onde muita gente quer ser antropófago, e prefere ressurgir na Glória de Deus Pai, Todo-Poderoso, de onde há de vir para julgar os vivos e os mortos.

§. Cansado de tudo, depois de dois dias de solidão no silêncio de seu apartamento em Westwood Village, no Natal de 1966, o poeta vai à rua, compra o *Los Angeles Time* e o *New York Time,* e resolve fazer um poema-colagem com as notícias do ano e com os títulos mais sugestivos, confirmando o que todo mundo sabe e os mais repetitivos remarcam: a poesia agora está nos jornais. No final do poema anota que já se usa essa técnica desde os futuristas e dadaístas e que a única atualidade não é a forma, mas o conteúdo das manchetes do dia-a-dia (afirmação que vai lhe trazer problemas com os formalistas).

§. Longe de seu país, o poeta tenta uma "Nova Canção do Exílio" com motes tirados do poema original de Gonçalves Dias, querendo dentro dessa sua "semana de arte moderna" particular levar mais adiante as paródias que fizeram Murilo Mendes, Drummond, Oswald de Andrade e outros. Começa: "Enquanto no estrangeiro/ aprendo maneiras novas/de melhor ser brasileiro." Diante da ruindade do poema, apesar de todas as remontagens e efeitos técnicos, tentando contrapor criticamente a realidade do século romântico à do século atual, encosto o poema pensando um dia recuperá-lo, nem que seja através da POESIA INDICIAL.

§. O poeta solteiro ainda imagina que, se todas as amadas que teve (ou que o tiveram) entrassem agora pela porta e tivesse de escolher uma delas como definitiva, não saberia como fazer. Contempla-lhes os corpos, descreve-lhes as formas e trejeitos que as diferenciam e ante a impossibilidade da escolha decide que muitos são seus problemas edipianos, problema que começará a ver mais fundo (em pânico maravilhado) quando começar a fazer análise em 1971.

§. O poeta vai chegando aos 30 e começa a se preocupar, lembrando-se constantemente daquela entrevista que, em Belo Horizonte (1958), fez com Fernando Sabino quando o romancista declarou que as origens de *O Encontro Marcado* vieram da necessidade de dar um balanço na própria vida. E assim carpindo, ele se indaga se seria possível fazer um "encontro marcado" em poesia sem fazer besteira. E começa uma série de poemas com esses versos:

> Um homem e seus trinta anos
> Um homem e seus trinta amos
> Um homem e seus trinta corpos
> Como os nós de um tronco
> E os anéis de trinta mortos.

§. Depois daquela primeira experiência em poesia-colagem, resolve o poeta fazer uma contribuição (apenas aparentemente original) à pesquisa poética e prepara montagens de versos de outros poetas, principalmente daqueles com os quais tem uma afinidade metafísica e existencial. Sabe que a idéia não é original. Ultimamente andam fazendo isto até no teatro, e antes isto lá estava no "The Waste Land" de Eliot, no "Cantares" de Pound, nas "Frases Apanhadas no Chão" de Paulo Mendes Campos, nas apropriações de Affonso Ávila, e em muitos outros tão importantes como Manuel Bandeira, que chegou a fazer uma colagem dos próprios versos. Mesmo assim se propõe:

1) um poema-colagem com versos de um só autor importante
2) autores com estilos divergentes
3) versos combinados aleatoriamente no computador
4) versos tirados espontaneamente da memória
5) mistura de marchas militares, canções religiosas e populares
6) versos em línguas diversas e em caracteres os mais estranhos

... e assim por diante, que isto é fácil de se imaginar e de compor, que quem quiser que continue a lista ou componha, que a mim me basta indicar.

§. O poeta foge com a amada para o deserto que os americanos chamam de *Death Valley* (Vale da Morte), passa alguns dias entre dunas, motéis, terrenos pré-diluvianos e uma tarde descem ao fundo do vulcão Ubehebe para se amarem, enquanto lá fora eram cinco horas da tarde e dois pássaros cruzavam a boca do vulcão ex-tinto. Dia seguinte, saindo do deserto, voltando à tentação do mundo civilizado, tal como no poema italiano, a amada o dirige ao "Dante's View" – lugar de fato dantesco, fumegando dos vales há milhões de anos. Emergindo da epifania, tempos depois, o poeta tenta pôr tudo aquilo num poema e fracassa, fracassa sempre, confirmando a tese de que a poesia só existe quando há a carência e o vazio, e que certos momentos bastam-se a si mesmos e não precisam de letra para sobreviver.

§. O poeta tem outra caída formalista e pensa em publicar um livro-poema que fosse o poema desde o meu primeiro nascimento mais todas as vezes que o reescrevi, as 15 ou 30 cópias consecutivas como qualquer poeta razoável faz, e esperar que alguma universidade americana se interesse por esses originais.

§. Indo de mal a pior o poeta pensa em fazer um poema com letras de diversos magazines, diferentes códigos lingüísticos, cores, pautas musicais, histórias em quadrinhos, enfim, toda a parafernália semiológica que mostre o caos e a simultaneidade dos códigos. Mas, ao fazer isto, não pode esquecer que não apenas antes de nós, os nossos avós já usavam Talco Ross, mas que Mário de Sá Carneiro, lá em Portugal, no princípio do século, já fazia isto – o que, obviamente, não me invalida. Além do mais, uma coisa é o "fazer" e outra, bem outra, e o não-fazer-fazendo" (como não-diria Heráclito ou Parmênides).

§. Voltando àquele fértil ano de 1966, o poeta, embora afastado da barroca Minas Gerais, mas mesmo assim imbuído do desencanto do mundo, tendo um vasto cemitério de veteranos soldados americanos de todas as guerras onde passeia toda manhã e tendo a sua frente os maravilhosos *hippies* nas ruas de São Francisco, Greenwich Village e Los

Angeles, morre de amor e inveja, porque não é tão jovem, não sabe tocar violão e reconhece que gostaria mesmo é de ser um Beatle ou Bob Dylan. E de novo reconhece o "desemprego do poeta", sabendo que cada vez fica mais difícil fazer poesia literária, enquanto que, com o apoio de música, mais os meios de comunicação de massa...

§. Enfim, o poeta que chegou à POESIA INDICIAL através de um longo e doloroso processo de descascamento físico e metafísico, onde se expõe estética e existencialmente sem nenhum constrangimento, confessa que essa de POESIA INDICIAL é como aquele anúncio: "i-n-t-e-r-m-i-n-á-v-e-l". E mais: fascinante, porque absorve biografia, raciocínio, emoção dizendo coisas de outra forma indizíveis. E temendo que isto se converta em vício e lembrando com seu pai que Deus não terá por inocente o viciado, vai aos clássicos procurar consolo, mas acaba abrindo a Bíblia e termina com o salmista: o meu socorro vem de Deus, de Deus que fez o Céu e a Terra. Amém.

A GRANDE FALA DO ÍNDIO GUARANI
(1978)

Encontram-se, pois, junto aos Mbya-Guarani duas sedimentações, poder-se-ia dizer, de sua "literatura" oral: uma profana, que compreende o conjunto da mitologia e especialmente o grande mito dos gêmeos; a outra, sagrada, isto é, secreta para os brancos, que se compõe das orações, dos cantos religiosos, de todas as improvisações, enfim, que arranca aos *pa'i* o seu fervor inflamado quando sentem que neles um deus deseja fazer-se ouvir. À surpreendente profundidade de seus discursos, esses *pa'i*, a quem somos tentados a chamar de profetas e não mais de xamãs, impõem a forma de uma linguagem notável por sua riqueza poética. Aí, aliás, se indica claramente a preocupação dos índios de definir uma esfera de sagrado tal, que a linguagem que o enuncia seja ela própria uma negação da linguagem profana. A criação verbal, proveniente da preocupação de nomear seres e coisas conforme sua dimensão mascarada, segundo seu ser divino, resulta em uma transmutação lingüística do universo quotidiano, em um Grande Falar que se chegou a pensar que era uma língua secreta.

(PIERRE CLASTRES – *A Sociedade contra o Estado*)

"Escribir en tiniebra es un mester pesado"
(BERCEO)

"Mi corazón está brotando en la mitad de la noche"
(Poesia Náhuatl)

1

– ONDE leria eu os poemas de meu tempo?
– Em que prisão-jornal?
        – em que consciência-muro?
                – em que berro-livro?

Como a besta apocalíptica procuro o texto
                que comido me degluta
e me arrebate
    e denuncie
e me punja
    e me resgate
           a mim já torturado e malcontido
           em gritos desse olvido
                – sob o pus dessa agressão.

– ONDE leria eu os poemas de meu tempo?
– No vazio de meu verso?
    – na escrita que interditam?
          – na frase que renego?
           – no sentido a que me apego?

ou na pele do dia nordestina aberta
e abatida nos subúrbios de anemia e medo?

        ou

    nos muros dos conventos
    no musgo dos monumentos
    na ruína intemporal que me arruína

        ou

    nas mesas frias dos conselhos
    copos d'água café fumaça quadro mapas
    e a fala-fala-fala-fala-fala
    do grafite no papel de tédio
    atando retos riscos sobre espirais de nada?

        ou

quem sabe na lata de lixo que essa hora aflora

             onde se ajuntam o gesso do abatido atleta
                    os cães mendigos do jantar comido
                    o coagulado sangue guerrilheiro
                    os cacos do sorriso
                    e as colas da esperança verminando
                    o corpo de um sempre poeta morto
                    dessangrando
                    sobre as lombadas da história?

Como outros
             procuro o texto que me salve
                                    e me exaspere
             e me leve à cal
                           não de um vão sepultamento
             mas à cal
                           – do meu revezamento.

E arrancando da platéia os urros de vitória
superando os meus tropeços de vaidade inglória
me impeça de emborcar no nada.

– Existiria um tal poema tão ungido e ingente?
ou quem sabe a escrita dessa hora é ilusória
e o que chamamos "agora" não é mais
que aquilo que desora do bolor da história?

– Quem sabe tal letra já está gravada
                    nos palimpsestos assírios
                    na pena do sábio antigo?

ou de novo se fez poema
             no ovário da mulher
que na Amazônia foi castrada
             porque já somos muitos e imundos
             em muitas partes do mundo
e todos temem os pobres e os ratos
             que cruzam pelas ruas e subúrbios
             e se reproduzem e roem os cascos do iate
             e fornicam como praga migratória
             roendo a paz dos ricos

                           – que também ratos

        mesmo enquanto dormem
              – nos devoram?

Insano
    em fúria
        possesso
como outros procuro o texto que me des/oriente
e derrube as muralhas chinas e as vermelhas sibérias

e sendo um expurgado texto e um reprovado excurso
exponha o ódio meu de gerações
                passadas
                devoradas

pelo fogo das inquisições
em que Giordano Bruno e Galileu
        e Antônio José – o judeu
                se arderam
                e nos salvaram

e sendo amor-e-ódio
            e
            o
            bem-e-o-mal

            me resgate da covardia geral
            e desse silêncio em que me instalam
            – catre barroco onde me ardo
            e onde me estalo em mil remorsos
                        de incapaz.

2

– ONDE se inscreveria o escuso texto do meu tempo?

– Nas asas do seqüestro?
            – Na explosão do ministério?
                    – No justiçamento encapuçado?
        – ou em qualquer cotidiano
            e irresgatável assassinato?

Salteadores pulam o muro de minha carne

estupram-me a família

> levam-me as moedas e a paz
> os móveis e a esperança
> > que amealhei
> – nas frestas dos quintais

Pairam ameaças nos meus passos
assaltam-me o próprio tempo e me coagem
com a mão de aço no assassino espaço.

COMO me inscrever no tempo que me escreve
se me vigiam a escrita e me impingem silêncios e papéis
> que não represento
> > e disfarço sob a opaca face?

Soam badaladas na madrugada pelos cárceres de agora.
Servos da morte invadem-me a sala e a cela
derrubam-me os livros, desesperam-me os filhos
e com as botas no meu peito
> piedosos:

> > – lembra-te, irmão, que és pó
> > e, por isto, te humilharemos.

Milícias de Felipe II
> acusam-me:
> > herético!
> > relapso!
> > contumaz!
> > feiticeiro!

enquanto sigo em filas amarelas
> em trajes condenados
> obedecendo à ordem dos fichários
> carregando velas
> para o fogo em que me arderão na praça.

Da cloaca da noite escorrem as almas dos torturados novos.
Já não temos mais onde enterrar os corpos.
Já nem precisamos mais enterrar os rostos.
E quando não houver mais mortos por fazer

torturadores
                    num círculo de fogo
                                se torturarão
num agônico espasmo de escorpião.

3

E a pergunta martela e pousa
como um corvo
            no desespero aberto da janela.

– QUEM escreveria o poema de meu tempo?
– Eu próprio? Mas, com que mãos, arroubos, insânias?
            com que vaidades, prêmios, vexames?
Fala alguém por alguém
                – com alheio coração?
Vive alguém por alguém
                – ou morre sempre aquém da
                            [própria mão?

Não seriam a fala
        o amor
        a vida

            a metafórica versão do exílio
            o brilho da apagada estrela
            ausência e concreção do nada?

Sim, é verdade que cada dia sei mais do que se compõem a poesia e o nada.

        Debulho poemas e milharais
        como o camponês aduba estrofes e mulheres.
        Mas me sinto maduro e inútil. Como ontem:
                            – imaturo e fútil.

Não acordo mais às cinco
não selo mais o animal
desesperam-me os vegetais. Do pomar
olho minha inútil biblioteca. Doirados
frutos na estante.

                Inutilíssima sapiência. Sabíamos tudo.
                Merecíamos tudo. Tínhamos até fé.

Outrora eu passeava entre canteiros de enciclopédias
limpando pulgões podando ervas e páginas. Perdia-me
na contemplação da abelha sobre as letras:
– favos de mel derramavam-se da estante.

Todos nós líamos os poetas
mas não lavramos um mundo mais justo,
E enquanto soturnos decifrávamos as tabuinhas dos
caldeus os mais astutos e modernos
                      empolgavam o poder e os generais
marcando em nossas testas anátemas fatais.

E líamos grossos romancistas
exalando suor vermelho e revoltas sobre a praça.
Povo era a palavra
            e o amanhã era a palavra
                      da palavra povo.

Mas porque estava tudo escrito
                nosso futuro
                      petrificado
de nós se alienou.
            Ontem soltávamos pombas nos estádios
éramos leves, juvenis e a paz um *poster* de Picasso.
Mas foram-se os *posters* e Picasso
        – e as pombas não voltaram nunca mais.

Nossos pais também liam os poetas
citavam os clássicos
        e pelas noites com seus robes tomavam chávenas
        e liam dourados tomos sem ver as traças
                – que nos comem.

Mas os acontecimentos desviaram-se dos livros
e por mais que entulhássemos os cursos da história
de novo a história
                desviava-nos seus rios

e os livros

                nem sempre férteis
                            apodreciam no Nilo.
E sobrevieram borrascas explodindo códigos e leis
que eram logo dissolvidos e refeitos em novas leis
e códigos. E erguíamos diques e parágrafos murando o mar
e a ressaca dos fatos
                    – a tudo rebentar.
A vida, a vida é mais que profecias e algemas
        a vida é irrefreável
                    não se contém nas lâminas
                                        partidos
                                        nem nos fichários
                                        e antenas

a vida
        – é o impoemável poema.

4

– ONDE e COMO, já que não sou QUEM
escreveria ou leria o desletrado poema?
– No "sangue dos filhos"?
                    – nos "romances da história"?
                                        – na "charrua dos campos"?
– Não, isto é uma velha retórica, isto
foi nos anos 50, quando a história era uma estória
dividida em dois partidos:
                    o certo e o seu avesso
                    o oriente e o dissidente
                    o que era meu
                            – e o do diabo.
As emoções então se incendiavam nos poços de petróleo
dos jornais arrancávamos paralelepípedos contra tanques
e crescia o musgo do muro
                    – que ia de Wall Street a Berlim.

Certo não estamos mais nos anos 50:
    tempo de partidos, guerras, utopias
    louvações a Stalingrado, *canto general* desfolhando
    rosas públicas sobre o povo

                    e a poesia liberdade
          ansiando em horizontes surreais:
          – onde cavalos de sangue atropelavam pianos
                                        [sobre a aurora.
– Existem ainda classes?
                    digo,
                         paredes sociais
                         murais de Orozco e Siqueiros

punhos e corcéis no atropelo índio da guerra
                    e vociferantes bandeiras nos painéis?

Ou
   apenas
        achatadas faces aos pés de um faraó egípcio
                         e os eternos reis sumérios?

Perguntas
          Respostas
                    Prepostas

Quem quer saber
             que leia a história
                         no eterno agora.

E assim releio os meus poetas de ontem
                              e reelaboro
o meu perdido ouro. Os de ontem me deserdam
e os de hoje me pervertem.
                    Perdido narciso
caio com Cecília num labirinto de cismas:
– *em que espelho ficou perdida a minha face*?
Olho ao redor: Neruda
já não me valeria com seus mariscos, cebolas, *los versos
     más tristes esta noche,* seus andinos despenhadeiros,
     as ilhas negras e as fissuras entre leste e oeste.
Assim, mantendo uma alheia fome
                    sucede que me canso de ser hombre

Ouço Huidobro
          – outro chileno de ontem e hoje próximo

           por torturadas razões na mesma angústia
           estética e patética
e concordamos:
       – se todos se puserem a escrever hoje
       o poema de amanhã
              quem lerá no bojo do agora
              o poema dessa hora?

O texto deste instante talvez exploda
na jusante do céu e inferno
                embora
o melhor de agora
          – já tenha o semblante eterno.

           A dor, como a linguagem
           não tem hora. Linguagem
           não se penhora
                é fruto-e-flora
                caixa de pandora
boca que o caos devora
          aurora com galo e espora.

A linguagem é a história
                e a história
é a fúria agora.

Não se trata sequer de, místico e acrítico como Rilke,
                                perguntar:
– *quem, se eu clamasse, me escutaria entre a hierarquia*
                                [dos anjos?
ou indagar quem leria a estranha escrita na parede.
                       DANIEL! DANIEL!
– chama alta noite a ineludível voz
          e o menino-poeta tateia cego pelos móveis
             sem que o velho Elias lhe decifre a voz.

Deveria eu, já que estão mortos os anjos,
                 jogar-me na fornalha dos leões
                 e arder-me de novo
                        no fogo do velho povo?

– E Sandburg s/ocorre-me
           brandindo a temerária fé

> *o povo, sim, o povo*
> *o povo aprende, desaprende, aprende*
> *um construtor, destruidor, reconstrutor*
> *o povo faz de pigmeus gigantes*
> *e encolhe, em anões, titãs.*

Houve um tempo em que o povo havia
                          e havia o poeta, seu pastor
                                       tutor
                                       traído
                                       tradutor
invocando fúrias sobre a aurora.
                            E as fúrias vieram
com as cabeças eriçadas de serpentes:
na destra a inflamada tocha
                            delabrando reis e anfiteatros
e na sinistra um azorrague de mais cobras
                            infestando os sindicatos.

Não jogo mais meus búzios sobre a areia.
                    Da sacada contemplo:
                    a praça está deserta.
                    No céu nenhum condor. *Morto.*
É morto o cantor dos meus guerreiros
                        virgens da mata suspirai comigo!

Desço à rua, piso remorsos vivos.

Em vez do povo
                desfilam desatentos fantasmas
em comício
            de névoa e vento
                    enquanto mofa sobre a mesa
                    o duro pão da mágoa.

Olho o povo.
            Não vejo o povo.
Senão um rebanho de olhos brancos
                                tangidos

por contidos lobos
        talvez brancos como os que vagueiam
seguindo os carabus no inverno.

        Vez por outra
             acometem sobre a massa
        em linha cruzada
             e lá se abate o incauto e insano.

Nem na primavera
        os lobos se estancam.
É a procriação e a engorda.

        Da colina, quase desatentos,
        consideram as novas crias na campina
                – e sonham ossos.

– Terá meu povo perdido sua milenar sabedoria?
ou sou eu que me perco e me cego de novo atraindo
                          [desgraça e corvo?
Sem grei, demito-me de ser rei e ser messias. Muita aflição
malgrado o bom salário e o céu.
Confesso minha cega mendicância
                       e se um cego guia outro cego
– retratam antiga errância.

No entanto, Eu, Bertolt Brecht
– vim das florestas negras. Minha mãe
me trouxe para a cidade no seu ventre
e ainda sinto o enregelante frio das madeiras
que carregarei comigo até o dia de minha morte.

– Deveria eu, então, fazer como Empédocles de Agrigento
que após ganhar a admiração dos cidadãos
                              decidiu morrer
e escolheu os que deveriam segui-lo
                        até a boca do vulcão?

Oh, sejamos mais prosaicos, modernos, desgraçados:
morramos atropelados sob a lâmina assassina
que saqueia nosso bolso de sonhos

ou
>   incautos falemos de liberdade
>   >   – coisa que, a modernos, prometemos
>   >   mas como os antigos
>   >   nas montanhas, de novo,
>   >   >   – acorrentamos.

E sobrevem Eluard:

> *sobre meus cadernos escolares*
> *sobre minha carteira e sobre as árvores*
> *sobre a areia e sobre a neve*
> *eu escrevo teu nome*

teu nome, *liberdade,* que eles raspam
e sobre as cascas e casas
>   vão ferindo cicatrizes
>   nos proibindo cor por cor
até limpar-nos de todo
>   – o arco-íris.

Brotam flores do mal sem Baudelaire nos metrôs
faço as estações do inferno nos subúrbios sem Rimbaud
e patético me cubro com a inocência cósmica de Prévert:

> *há pessoas que dançam sem entrar em transe*
> *há outras que entram em transe sem dançar*
> *a esse fenômeno se chama – a transcendência*
> *e nossa região o sabe apreciar.*

– Mas os operários não vos entendem!
>   – berra-me Maiakovsky
enquanto com Iessienin
>   se suicidam mano a mano.

Brancas mãos de poetas suicidas
descrevem noite adentro o verso pânico do tempo.
Alguns ateiam fogo às vestes
>   afrontam a paz das embaixadas
outros escorrem seus corpos como a chuva nos beirais.

Hordas de afoitos substituem a malta dos caídos.

Aos milhares desfilamos sobre as nuvens
                desafiando o Czar e o Faraó.

Há milênios que os poetas escrevem e se suicidam
como narcisos tristes beira-rio.
Há milênios que amam a lua e se traem pelo rei e o sol
e sendo dos primeiros a chegar à cidadela

    – são dos primeiros a enlouquecer na primavera.

Impossível poesia. Arrogante poesia.
Causarias prazer a alguém, que não a mim
que te necessito como o marido o corpo habitual
de sua mulher

        sempre disponível nos panos da noite?

Incorrigível profeta e alquebrado atleta
                          seguirei afoito
a primeira leva de insensatos
                que vislumbrar a menor coisa
e súbito estremecerei
        se à minha porta passar o insano povo
            – as fúrias desencadeadas –
não resistirei
    possesso
        seguirei junto à manada
            e me precipitarei uma vez mais
                          – no nada.

5

E a pergunta intestina
de novo me deglute:

COMO leria eu os poemas de meu tempo?

            Concomitante?
            Como quem come e descome?
            Como Cronos devora os filhos

ou como o bifronte autor/leitor que é Janus

        – que come da própria fome?

Ou devo ainda entrevê-lo
como quem à noite agarra seu gritante sonho
como um crente penitente
um metafísico estudante
           tentando entrever sentidos
                   que seus sentidos não sentem?

– COMO leria eu os poemas de meu tempo?

Aos berros para a platéia?
                   ou gago ante a classe?
querem-no de cor, com título, enredo e mote?
ou com gestos mecânicos que escamoteiam a morte?

– Está aberta a sessão, com a palavra o orador:
           e eu tenho a subida honra
           – de estar na poluição
           me escolheram a mim o mais humilde poeta
           – por não achar um pior e mais pateta
           e aqui vos trago, enfim,
           a minha exigüidade
           – e a falta de liberdade
           a minha insignificância
           – e a ferida mendicância
           a minha pouquidade
           – e a agressiva intolerância.

Os grêmios literários rescendem a bolor
os prêmios literários me dão (mais que dinheiro)
                           – ódio e amor.

– É este um discurso de aluno na festa do absurdo
traçando a apologia do nada e o lugar-
comum de tudo?

– Leia Curtius, meu filho: – a tópica
é celeiro de provisões.
               – Eu, mais faminto
que moderno, como Macróbio
e Prudêncio topando tropos
da retórica carolíngia

muitas vezes me sinto
nos cordéis do nordeste
como um Bruegel das letras
pintando um mundo às avessas.

E isto posto

> já que o avesso é que parece
> o lado certo de tudo
> me livro do certo e errado
> fazendo um sermão profano
> que ao final se obsclarece:

> – um cego guiar outro cego
> é um povo no escuro beco
> – um burro tocar alaúde
> é democrática atitude
> – Raquel em lugar de Lia
> é a liberdade tardia
> e o lobo fugir da ovelha
> – fabulosa rebeldia.

Mas se digo

> com Teócrito e Virgílio: melhor
> é terminar aqui meu tedioso canto

ou

> convém parar, que anoitece,
> mais que sinal de cansaço
> de minha jovem velhice

> já se sabe que não posso
> tomar a fresca da tarde
> (como faziam os antigos
> com extrema pudicícia)
> pois quando o dia escurece
> – é hora de crime e polícia.

Sei que não é muito sensato de minha parte
sair como um despudorado romântico aos brados por aí:
> – Poesia! onde estás?

                    – enquanto ela atrás
                de um cocoruto:
           – deixa disto, poeta,
então isso é pergunta que ainda hoje se faça?
                           E um livro enorme
se abate sobre mim como uma charge.
– Quem tem ouvidos ouça
e quem não tem cultura
                  que leia o que dizem os mestres.
Estude mais literatura inglesa, rapaz.
                         Está lá – William Blake:

> A menos que seus olhos se incendeiem
> Deus não será visto jamais.
> A menos que seus ouvidos se incendeiem
> Deus não será jamais ouvido.
> A menos que sua língua se incendeie
> Deus não será jamais chamado.
> A menos que seu coração se incendeie
> Deus não será jamais amado.
> A menos que sua mente se incendeie
> Deus jamais lhe será mostrado.

Mas Deus não é mais
           o meu problema, respondo apavorado.

Entre mim e Deus
               está tudo combinado.
Já li a Bíblia, Sartre e o Diabo,
não tenho tempo mais pra ser soldado.

– Estultícia, meu filho, estultícia,
e como dizia meu pai-salmista
indo ao mato ao lado e voltando com um versículo cortado

– só a vara de marmelo
                   tira a estultícia do menino.

Voraz, então, saio carpindo quantos textos encontro
nos volumes novos da mais velha livraria
nos enfermos jornais de consultório

nos perdidos concursos literários.

Escrevo urgente aos bardos do Orenoco
      ao aguerrido vanguardista que polui o Tietê.

Insaciável, suplico:
        escrevam-me o poema de meu tempo
        escrevam-no por mim
            que sou fraco
            que sou tópico
            que sou entrópico
e pouco realizo do quanto pretendi
            que sou por demais violento
            e desatento e errarei
nas medidas por medo das cesuras das censuras
      e tonsuras das tesouras.

Mas os poetas não me escutam nem me socorrem
antes
      me ostentam sons, desenhos, letras, pasmo
      e o mesmo emblemático dilema.

É possível, imagino, que a essa hora
numa aldeia africana
           ou num subúrbio marginal
um cego Homero narre a sua tribo
e inscreva em papel de arroz e sangue
           o Vietnã que escrevi/vi.
Ou, então,
      que no Acre ou Cochabamba
          um latino-americano como eu
inicie a fatura do poema em ouro
           que perdi em Potosi. Pior,
que meu vizinho de prédio e mágoa
me acene por entre a guilhotina das horas
        com o texto que jamais lerei
          que jamais terei
          que jamais escrevi/verei.
E potente-impotente, me indago: se esse dúbio poema
castrado

        não é puro simulacro
        e cavernosa sombra da verdade,

se o texto não é uma ostra
exilada da pérola
              – por um rei que já morreu.

– É este
        o tempo do impoemável poema?
Me engano, o poeta, sim, é deplorável:
              o tempo está prenhe
              de negativos poemas
              que na câmara de tortura
              esperam ser revelados.
              E como a foto de um crime
              à luz vermelha dos ácidos
                              o texto
              vai emergindo sua face
              no branco e preto dos fatos.

Seria o poema do tempo
a sua própria carência?
            o impenitente discurso?
                      e um insolvente dilema?
ou é sempre a denúncia espúria
                  e a confissão arrancada
                  da seviciada escritura?

6

Os poetas futuristas queriam queimar museus
cantavam a guerra enchiam o texto de máquinas
e velocidades.
        Os vanguardistas
                acionam computadores
em busca de um astral e cibernético poema.
                        Posso eu?
profético, epiléptico, messiânico
              Antônio Conselheiro
perdido em caatingas e sermões
            posso eu?

ostentando a coroa de lata de Versailles
como um louco Luiz XIV, dizer:
                    – a história sou eu –

ou sou apenas um passista de Mangueira
                    revestindo canções velhas
                    de um carnaval proibido
                    num reino que não existe
                    num tempo que não é meu?

É meu samba melhor roupa operária
                    que a vestimenta dos reis?
é mais real que a história da Vaca Vitória
                    – no buraco da memória?
ou mais sandeu que o burro
            que de tanto pensar
                                morreu?

ONDE o meu poema
            quando os alemães e, logo, os russos
            entraram em Praga?
ONDE o meu poema
            quando eu ontem não vivia
            e o mundo autônomo seguia
            seu teatro europeu
                    cantando cerveja e ópera?

Então o meu poema
            é algo que me antecede?
            e como o tempo, me transcende?
            e o que eu escrevo na parede do dia
            é de todos
                    como deixa de ser alheio e vago
                    o texto que no papel recolho?

– O que dirão de mim no séc. XXI?
                    – pergunta-se o vanguardista.
– Que opinião tenho hoje de mim?
                    – me indago a mim
                                        tonto na pista.

Alguns preparam-se
para o poema planetário:
                cosmonautas do passado
                    disparam versos no vácuo.

Hoje (leio os jornais)
         desfecharam duas naves para Urano
           / onde chegarão só em 10 anos
depois
corrigirão a rota da angústia imaginária

       num caminho ignorado
       pelo fundo da galáxia.

Cientistas aí gravaram:
          saudações em 60 línguas
          um choro de bebê
          discursos de presidente
          ruídos de amor e beijos
          cantos de pássaros
                    – e jazz.

Seria esse o nosso astral lance de dados?
e aquela garrafa ao mar
               à espera de um leitor
                            ou Deus
que nos decifre o azar?

É esse o poema computado no tempo-espaço-afora?
poema-de-mil-autores
             para um leitor que ignora?

Assim disparamos versos e cápsulas
                  injetando solidão no cosmos
como um feroz rapsodo
         na espera que o amanhã
                  resgate o presente logro.

Os poetas
        não temos ostensivos satélites
            maquinosos laboratórios

                – mas antenamos mensagens
                e outros sinais primários
                sobre o radar da história.

Os tecnocratas nos dizem a meta
– e refazemos a seta.
Os tecnocratas nos dizem a hora
– e reinventamos a aurora.

            Desde cedo
aprendemos a faina do escaravelho
                    terra adentro
                            vida afora.

      E quando no circo do absurdo
      nos comprimem na murada

sabemos saltar de costas
              – e flutuar no nada.

7

      ONDE leria o meu QUANDO?
      QUEM leria o meu COMO?
      COMO escrever o meu ONDE?
      QUANDO escrever o meu QUEM?

Este é o poema-abcesso aberto
                    remédio & cicatrizes
transbordando de suas dobras
como o enforcado vivo
se desenrola das cordas

          – um poema maior que eu:

                ou cresço para merecê-lo
                ou me explodo
                        sujando todo.

Mas as escritas antigas
            já não me socorrem.
Da Ilha de Páscoa às Sete Cidades
                  do Piauí

é tudo um grafito vão
                 musgos zombam com úmido sorriso
                 das desrazões que desesperam
as cartilhas novas ensinadas
           no quadro-negro da cela
as linguagens televisadas
           no museu de cera da sala
           são emoções desligadas.

– Serei um tupi tangendo (de novo) um alaúde?
ou um cacique prisioneiro
tateando a caixa preta
de um cego computador?

Alguma hora devo ter sido um primitivo, mais feliz
com suas danças e cores
                     contemplando o inseto e as luas
olhando as aves e a chuva
sem nenhuma escrita ou traço
que se desfizesse no barro.
 Agora, se índio sou
sou um moderno pataxó
               como o chefe Tururin:

         – quem geme é quem sente dor
          quando índio fica triste
          quando tiram sua família
          índio começa a morrer
          tocaram fogo na aldeia
          índio ficou sem casa
          índio ficou sem terra
            ficou sem cemitério
     e então
        Pataxó
            – comecei a morrer.

Vai ver que os antigos eram melhores
                     – chego a dizer
parece que houve um tempo
     em que a tribo e a selva
       o corpo e o verde
                 se mesclavam

                e a água e o sangue
                a pele e a terra
                a sombra e o sonho
                eram um texto só
                    – e não se escreviam poemas.

Liam-se estrelas e sementes
        tempestades e vontades.
                        O corpo
        era uma extensão da fauna e flora
        no azul-e-verde das horas

                e sendo o corpo um poema, e a natureza
                um livro aberto, o poema
                                        não tinha letra
                – o sangue era a própria história.

Mas isto era o poema-ontem
não essa angústia-agora.

                – Há ainda o eterno e a hora?
                                o dentro e o fora?
                – Estaria o meu poema
                                    se dissolvendo
                com seus relógios na história?

Ou é um sermão montanhoso
multiplicando seus pães
para um povo que o ignora?

                Da pedra lascada
                passamos a poluir o urânio
                gerando cogumelos na linha do horizonte
                hoje sabemos mais de ontem e do amanhã
                – e não despertamos felizes. Escapamos
                de alguns vírus e balas
                e só alcançamos a eternidade
                                – no fogo das cicatrizes.

    8

Olho a cidade.
        Os homens continuam com o mesmo olhar

       amarfanhado das manhãs
       em direção aos escritórios de úlcera
       e às fábricas de insônia.
                      Mulheres
       pechincham o invisível, e à tarde
       servem seus corpos e comidas nas dobras do ar.
       As crianças, como os loucos,
       convertem as coisas noutras coisas
                                  – só com o olhar.
       Outros
           se dependuram nas vitrinas
       ou se deixam atropelar pelos jornais e esquinas.
       Correm águas viscosas letais fezes do tempo.
       Dizimou-se o verde, cancerou-se o azul.
       No subsolo há cabos de tensão arsenais ocultos
       sub/rios e esgotos que nos sujam a informação.

Diversa é a vida nas montanhas.
                          Mas só os sábios pousam lá.
Malditos os que aportam às rodoviárias e empregos
e olham os muros da cidade
                       e a sonham conquistar.

Abro minha janela
               e tusso a negra tosse urbanizada.

       Queimam-me os olhos aprisionam-me a infância
       assaltam-me o passado
                            assassinam-me os livros
       e a parentela.

Olho a cidade.
    A peste está em nós
    no hospital das falas
    nos consultórios do medo
    nas carcomidas rugas das calçadas
    nas quebradiças caliças da alma
e nem um fogo de mil megatons
                       resgataria em nós
                       a c/idade inicial.

Mas levantamos muros e seteiras

pensando pôr lá fora
                       a loucura e a lepra
e deportando os mal-sinados rio-abaixo
dizíamos à nau dos insensatos:
                           – a cidade é eterna.

E já que eterna
       e os malditos fora dela
              fizemos inscrições de fé na sua
                                     / portada.

Assim fechados
           provisória-e-eternamente
                             a salvo
expedíamos exércitos e bandeiras
e raramente a fúria do senhor nos visitava.

                        As cidades eram eternas.

– Eternas?
        ou já de plástico cenário
        com ocos bonecos de isopor e cera
        incapazes de resistir à fúria atômica de Átila

        se dissolvendo em alarmopax
                       risonex
                       frutivil

partindo a ânfora das horas em detritos gregos e latinos
que entulham o Mar Egeu e submergem a aurora?
Hoje nos debelamos pelos campos
                       ARfantes infantes a sufoc AR
                               a desand AR
                               a descans AR

e entulhamos estradas, pistas e portos
a AR(f)AR   AR(f)AR   AR(f)AR
                            contra o suf OCO
                            da profa NADA ara

para VER DE novo o ser de sempre.

E nas montanhas
           ao matAR a fresca truta dos regatos

        sonhamos nossas perdas
                a vida i/merecida
                e a verde forma de amAR.

Diversa é a vida nas montanhas.
            E, às vezes, pouso lá.

Olho minha lareira. Não é este um costume nacional.
De repente, sinto-me na Renânia ou na Bavária
            – casa de campo entre pinheiros
              e mais essa mulher etíope...

Almofadas e risos aquecem minhas filhas.
Caminho entre ciprestes e neblinas.
Mas nem sempre foi assim. Meu trajeto
vem da caliça dos subúrbios
        da terra varrida com mamoeiros tristes
        dos encardidos panos nos varais.

              Subir essas montanhas
é um verde engano burguês
de dois dias. Já na volta
        a várzea
           a baixada e o crime
           o calor e a enxada
        e a estrangulada artéria
        da miséria.
                    Ali as rodoviárias
        veias dessa América
onde desastrados cães e corpos se esfacelam.

Postas de carne aguardam-me ao rés do asfalto
            – o poema morto no chão.

É impossível não se morrer de carro
        nas estradas do país.
Ou então se morre por outras vias e urros
        por outros choques e murros
        por outras armas e fomes.
– É cada vez mais difícil
        a esquina de outro dia em meu país.

As trancas da porta não suportam a lei da astúcia
            – a gazua que inscreve a morte

                    no quadro-negro da noite.
Morremos pior que os vegetais que escolhemos nos mercados
             – porque morremos colhidos
                              – sem predestinação.

Não se trata de dizer:
                   – o ontem foi melhor.
E se eu te permito essa leitura
é por não mais querer calar a emoção
                              ou então
para aliciar soluços e soluções.
                         Preciso de cúmplices
meu crime é maior que eu.
                    Estou transido em jejuns
e temo a crucificação
                 sem os pintores reais da inútil
                                 / ressurreição.

E na gestação da fero/cidade
                 vejo que uma célula (ou libélula?)
                 uma univer/cidade se gera.
Aqui o lógico saber do duro verso arquitetado
na retorta e no cadinho da ilusão queimada.

Aqui vigiam-me a mim que vigio a bactéria
conferem-me a mim que confiro o computador que me confere.

Para entrar nesta cidadela
           atrás deixo fábricas favelas
           reinos de Aragão e de Castela
           ergo pontes elevadiças e cediças
           e
           pouso neste adro que se quer celeste
           onde doutores conversam o céu
           da boca do sapo
                          e o sandeu desafia a Zeus
           com seus raios de lata.

                         Esta é a cidade
dos estudiosos réus
           confessos
           perversos
           possessos

     última ara profaNADA e fortiTUDO do nada.

9

Este poema

>> tem seus descantes didáticos
> suas horas de recreio
> e uma aparente desordem
> que não irrita o professor
> mas, sim, ao fiscal de ensino.

Não posso

> por exemplo, o tempo todo
> ser meu próprio ladrilheiro
> e colar letra por letra
> – como o tijolo, o pedreiro.

Poesia

> não pode ser obra de carcereiro.
> A menos que o guarda esteja
> no limiar de suas portas
> e nas argolas das horas
> descubra
> a inversa função da chave
> que, em vez de trancar, descerra
> a imagem presa nas grades.

E este poema

> como qualquer prisioneiro
> deve ter direito ao sol
>
> e à liberdade
> – mesmo condicional
>
> deve poder se exilar num desgoverno
> cometer seus desatinos pelas ruas e versos
> que ao sistema da escrita aberta
> cabe o modo poético e dialético
> de converter o que era estrume
> em flor oferta.

Não vejo por que poesia

tem que ser sempre
                    severa e séria
fria folha em calmaria
                    na biblioteca
e não arrebenta em preamar
                    no papel da praça
e nem se agita em uivos e punhos
com o povo que inunda o estádio.
                        Poesia não é luto
é festa, coisa de atleta, é como a alegria
que é antiga e nova, como novo pode ser o jogo
de pelota do índio asteca.

            Por isto

Mi corazón está brotando en la mitad de la noche!
Juega a la pelota, juega a la pelota del viejo Xólotl
en el encantado campo juega un hueco de jade
                    Oh, Niño! Oh Niño!
con amarillas plumas tu te atavias
                juega a la pelota
en la mansión de la noche, en la mansión de la noche.

E o poema vai fluindo
            como o desenho da mão
                        compondo linhas leves
no gesto da criação
arabescos
        contornos breves
                    e sugestões de perfis.

Escrever
        devia ser: – o desenhar
                        na linha d'água
                        o risco eterno
parecendo coisa
            que qualquer criança faz
                        – mas ponha Picasso nisso.

E a melhor forma de escrever
                    – é rir discreto

> per-vagar peripatético
> como Sócrates
> ou Machado.
> Esses que me ensinam
> a comentar um texto andando
> ir distraindo o leitor
> para que este se sinta autor.
> De resto
> é ler Cervantes e Homero
> ou qualquer autor eterno.

Já há 15 anos calado
> sem discorrer
> sem transgredir
> sem perorar

assim não há poeta que agüente
não há poesia possível. Agora

– ser sutil ou crente
> – é igual a ser silente.
Também estou convencido
de que quem cala consente.

E eu vou falando quente. Primeiro
para ver se ainda estou vivo. Segundo
porque quero o poema-gente
que antes, mineral e frio,
agora derrete o aço e o medo
nas aciarias de Min/as.

> O poema segundo os coríntios e os guaranis
> os tessalonicenses e os tupiniquins
> às igrejas de Éfeso com todos os efes e erres
> e aos terreiros daqui

o poema que
> vai fervente em lingotes e pentecostes

>> vertendo amarela fúria
>> alardeando o fero berro
>> brilhando no claro espaço

              num festival vivo de alegria forte
              dissolvendo
                      num só forno
                      o amor e a morte.

Quero o incandescente texto
                  que lavre o novo no torpe
                          e a aurora no horto

quero as línguas de fogo
gerando milagre e orgasmo
sobre o fel do amargo logro.

10

Numa epístola anterior
jogando a pedra da *poesia sobre poesia*
                            alheia e envidraçada
eu prevenira que meu verso já se estava derramando.
                                        Agora
de nada mais adiantam engenharias minhas e vizinhas
ou rochas de tropeço junto à barra do mar.
                                Sou a vaga
que arrebenta em maré cheia
                      decretai emergência poética
                      calamidade estética
                      ante a ressaca patética.

Vou transbordando numa enchente a devastar
                                graficamente
alagando as cercas e afluentes.
                          Deixei as poéticas do não-posso
no seu poço
        me enveredo por uma amazônica vertente
            a desaguar no branco espaço o berro e o barro
        a fecundar as margens submersas
                e me lavar na foz do tempo
                        com as neves do meu tormento
        e assim

o
 rio
  ou poema
   que começasse
    por um fio ou
     sinal de verso não
     apenas fácil e fóssil
      caligrama europeu ou rio
       simbolista em curvas e zigue-
        zagues coleantes e estonteantes
         mas uma selvagem linguagem tropicalista
          tatuagem picante cobra grande vanguar-
           deira retorcida sem eira nem feira de
            Caruaru ou lágrima gigante com Cien Años
             de Soledad que nasce em Fuentes e
              Albas com infâncias amarelas e
               Rayuelas e ao mesmo tempo rio de
                tartarugas ilhas negras e Nerudas
                rio joyceano eterno rio-Rivera
               ruminando painéis e ossos nordesti-
              nos de Portinari e Orozco gongórico
             ou Cunha do teorema de Euclides no
            sertão onde Antônio é o Conselheiro do
           Império de Canudos a jogar lama de entrudo na
          República das letras onde o gótico Paradizo de
         Lezama Lima e Solimões galegos raivoso rio de La
        Ciudad y los Perros caçado como Três Tristes Tigres
       apanhando como boi ladrão sangrando ao fero berro
      de Martin Fierro e outros machos mariachos ambíguo
     Riobaldo no liso do sussuarão no corpo de Diadorim
    do amor guerreiro avançando em bando como Lampião
   sangrando exércitos e macacos ou então é uma Maria
  Bonita engravidada, a Uiara des/menstruada e expulsa
 do sertão rio milagroso São Jorge Amado cavaleiro
desbocado Tiradentes ferido e barroco Aleijadinho
vertendo um Drummontanhoso rio em Min/as onde
brilha Lúcio Costa e o grande astro é o Oscar Niemeyer
num arquipélago Veríssimo de Brasilhas ao Tempo e ao

Vento nobre rio sempre vivo e não defunto Brás Cubas
afiando seu Machado ao corte da ironia contra o tronco
babilônico e amazônico onde Borges – o bedel, semeia
lêndeas sobre os louros de Allende além dos Andes rio
cego ou manada de búfalos marajoaras num tropel de
ondas quebrando a porcelana de Orellana e Martius num
uni/versal canto continental de regional cabotinagem
num intercurso de letras apanhando da vara de porcos
capitalistas que cevaram a morte de Guevara fluindo num
sangue de Vargas gordas num vasto sinclinal onde só
ficou o demagógico petebista peronista, Perón sí, Perón
no, dentro das marmitas operárias cheias de palmitos
palomitas desgraçadas sob as patas de Zapata e assim se
vai echando pedazos de alma do Oiapoque ao Chuí, de
José Marti a Fidel peregrinação açucarada em Tupac
Amaro com igarapés e mãos amarradas em amarelos
paus-de-arara rolando Ajuricabas aos tapas e Cacambos
aos socos e rio copioso copião cinema novo jorrando
barro nas telas com barrancas carreando carrancas das
Casas Grandes & favelas como um rio sem destino sul-
americanalhado rio sem Francisco ou pombos, todo
nosso geografando a geopolítica da fome virando o vírus
do geopoema num fluema ou maresia nacional orografada
anal disenteria em torno de Orós o grande açude oral
cantador em desafio rude como na selva o seringueiro
suga o látex e faz a bola de borracha na polícia do
empresário e a passa a Pelé que leva ao parque industrial
das águas multinacionais na faina africana do negro rio
de petróleo sempre nosso com a bossa rio pouco popular
embora seja mais um samba de crioulo doido que stream
of consciousness no fluxo de um deserto às avessas
onde o profeta ou nada a pé ou perde o bonde e o
emprego e canta um samba de Noel ou tango de Gardel
corrientes rio, ou carnaval no gelo? talvez um mar de
mulatas com bundas e seios em ressaca mareando na
avenida de um rio que passou em minha vida com
chocalhos e o caralho, rio da mãe? ou filho sem pai? filho
do boto rio zoológico mula sem cabeça ou de duas

cabeças cobra, vidro de remédio e veneno que cura no
escuro como os pajés e Jung num terreiro e eterno
retorno do oprimido mandala preso na caixa chinesa de
um banco mandarim na esquina onde pandora mora e é
torturada a desaguar confissões de Iansã no intestino
grosso da comida baiana rio como o não detido poeta
numa lírica prisão de ventre estética há muito represada
rio discurso irrefletido num lago Titicaca obrando
espelhos que seduzem o índio em sua balsa de caña com
a alma aberta ao nada como a nau dos insensatos exilada
e derivada da nau catarineta aportada num Tietê
marioandradino onde Macunaíma é ser protéico servindo
de lodo e esterco ostentando relógios astecas de Otávio
em Paz e guerra de aluviões e sinfônicos uivos de Villa-
Lobos devorando bananas antilhanas nas telas onde
Carmen Miranda se pinta catastrofando jacarés e
iemanjando acarajés argilizando exculturas desestrelando
aves e ovos na ilha da Páscoa já que Colombo abriu mão
do (n) ovo e se desorientou pelo acidente des/velando o
in/continente conteúdo manteúdo, agora é fácil continuar
mas o difícil foi degelar a liberdade Andes que tardia sem
derramar a sopa rica de pobres versos e ficar num finca-pé
quando tudo afunda em pororocas num dilúvio incréu

enquanto eu aqui
    num ex/pasmo
        a salvo das ondas

    como um Noé pagão
    e um guarani Tamandaré

        vou batalhando verdes pombas
        na paisagem do nada.

11

E os poetas escrevem. Como eu, os poetas escrevem.
Torrentes, catadupas de versos
e sinais
    sem saber ao certo *onde, como, quem* e *quando*

                         os poetas escrevem

e entulham as antologias com sua *Flor de Romances* fanados
caindo na vala comum do *Cancioneiro Geral*
                         ou nem isso
como um índio cantando
                a derrocada de sua tribo e sua carne

   es asediada, es aborrecida la ciudad de Huexotzinco
   con armas fué cercada, con dardos fué punzada
                                    [Huexotzinco

E assim despejam sobre a história o seu sentido
                         querendo nela reter-se

E os versos cruzam avenidas e paixões
se inscrevem no telex, banheiros e galpões
retornam com o amor do exílio e caem na marmita operária

e soturnos   se mexem
            e se agitam nos forros das consciências
como gambás noturnos
              – pelas moradas do ser.

Houve um tempo
       em que era fácil fazer poesia:
       bastava eleger a forma
                    e preenchê-la
       com mais ou menos habilidades.

       Tudo codificado
          e empacotado
         na acadêmica memória
         na audácia vanguardista
         nos manifestos-receitas
         num mutirão de escola
e assim
  o poeta inventava a bossa
                a forma
                a glosa
                      moderna e airosa
causando inveja aos demais.

| 209

Mas ninguém escreve por outro.
Cada cabeça uma leitura
cada escrita uma estória
cada invenção na sua hora.

    – Então poesia é isso?
                    – Não tem espaço?
e nela o ontem é hoje e o amanhã já era?

– Então poesia é o não-tempo do verbo?
  o futuro do pretérito?
                – e o incondicional presente?

– Então é isso a escrita do homem?
          Um intervalo entre dois sons?
          duas intercomidas fomes?
          duas intercaladas falas?
          um orgasmo perseguido
          entre duas deitadas sombras?

– E o tempo? o que fazer dele?

          – É o tanque onde se tinge o nada?
          ou o linho onde se pinta a nódoa?

          – Tece-se o poema aos poucos
          sempre na linha d'água?

          – Pode o tempo ser o bordado
          de onde desborda tudo?

          – Ou o poema, como o tempo, é o tecido
          que cerzido
                – passa a ser nosso vestido?

– Inscreve-se a poesia no tempo ou fora dele?
– É o nada ausente ou o eterno agora?
– Existe a escrita-emblema

          mostrando Beatriz a Dante?
          levando as águias de Roma?
          e o peixe de Cristo aos montes?

Não há fixa escritura.

                    O que há
é a fome de leitura
uma avidez
            de pouso
              e acerto
                        40 anos de sede
                        e o interminável deserto

o que há
        é um leitor que rebusca
        no monturo do que vê
        um autor que o reescreva
        e dê sentido ao que lê.

– Não há poemas no tempo
        o que há são cirros sonâmbulos
                        acúmulos de enigmas
        carneiros muitos, prévias chuvas de espanto
        e uma escrita que se agita e se contempla

                que se pensa ser no tempo
                adorando o próprio umbigo
                narciso-escriba no templo.

– Não há poemas no tempo. Há ruídos
grafias esquecidas, disfarces cuneiformes
arabescos em colunas de pedra
                        – como gaivotas no m/ar.

Ademais
        não sei quem foi mais de seu tempo:
        se Alexandre ou o escravo seu?
        se a Inquisição ou Galileu?
        se o meu pai ou um filho meu?

Sei que, ateu
            estou na praça
            esperando a voz de Deus. Um Jonas
            perdido em Nínive

                    Abraão a sós no monte
                    um Moisés – "Quem sou eu?"

                    Isaías sem querubim

                    profeta menor – "Eis-me aqui"
                    evitando se ofertar
                    com aquele
                                – "me envie a mim".
Eram eles
        homens justos?
        ou eram todos sandeus?
        vou ter que subir o monte
        pra queimar poemas meus?

Agora que o texto já foi o perverso nada e o inverso tudo
– como ler a poesia
                    que se anuncia
                                como a poesia de agora?
– como ler a poesia
                    que se esconde
                                na prosa que nos aflora?
Não há profetas na praça.

                    O que há são multidões
                    lançando no ar seu pasmo
                    e alguém que, de repente,
                    sonha ouvir um verso seu.

Pegar no ar a bola
            imaginária
                    sem tocá-la
                            e atirá-la
inda mais longe
(não com a mão)
            – só com olhá-la

                    como quem sabe da inutilidade do esforço
                    e mesmo assim se mostra em campo
                                            – atleta
                    como quem levanta o peso
                    não com a força que o ginasta ousa
                    mas com a graça bailarina
                    com que,

>   no chão
>   – a garça pousa.

Ou como aquele arqueiro
>   que mede a tensão e o vento
> e a sua seta dispara e implanta
>   no centro do alvo branco
>   – onde tudo começa sempre
>   e tudo vermina breve.

12

Os poetas chineses antigos se identificavam por dinastias
>   guardavam a sabedoria dos quatro elementos
>   e o segredo das estações
>   – mas não evitaram nenhum desastre.

Os modernos
>   fazem discursos para o presidente
>   sobrevivem em gabinetes-universidades-redações.

Os mais astutos
>   se elegem, entre amigos, imortais
> enquanto outros, tresloucados!
>   – rasgam suas veias nos jornais.

Mas há sempre
>   os que compõem com longas penas de amanuense
>   seus poemas
> como quem cuida de passarinhos nos subúrbios e quintais.

Os antigos
>   viam sinais
>   anunciavam messes e guerras
>   e liam
> com os olhos cegos do pajé.

>   Os antigos esperavam
>   messias e moisés
> descendo das montanhas com a vontade de Javé.
>   Os antigos
> liam claramente

            o oculto selo de Deus

e quando havia dificuldade
                o rei mandava chamar
                        seu profeta de plantão.

E lá vinha ele
        longas barbas ao vento
                ia lendo sonho, parede, aflição.

Os antigos, porque antigos, dialogavam peixes
e davam asas ao sermão.
                Devia ser bom
                        – ser um antigo!

O povo ali, Deus acolá

            Deus sempre disponível
            – fazia jus ao seu nome:

                freqüentava a sarça ardente
                talhava livros de pedra
                brotava água em desertos
                e milagrava nas praças.

            Deus era o melhor amante:

                invadia com orgasmo certo
                as vestes de suas santas
                e mandava anjos bonitos
                trombetear promessas
                para salvar os mais retos.

Deus era assim:
            – ensinava tudo de graça.
Até mesmo a morrer na praça de fome
                ou arder de febre na cruz.

Deus era como um professor: abria o livrão e dizia:
                                  – lê.

Até cavalos devoravam livros escritos nas nuvens.
Dedos invisíveis deslizavam sentenças nas paredes
                          [dos palácios

modificando a lei e o rei
   a sorte e o azar.
      Os mais sábios
                  – liam a natureza mesmo
   e não morriam jamais.

      Arrebatados em carros de fogo
      não se submetiam ao logro da espera:
      com seu passaporte nos olhos
         entravam a galope na eternidade.

      A morte era assim:
         – sempre divina.
                     E Deus sabia Semiologia.

      Os reis, precavidos, mandavam talhar na
      pedra
            o escrito desconhecido
            e assim se prostrava
            a nobreza ante a riqueza
            do texto-áureo esculpido.

   – Se os antigos tinham tal sabedoria
   donde o nosso desamparo?

– Se eram o sol e a alegria
por que não nos iluminaram?

Não saberemos nunca o que nunca foi escrito
nem nunca acordaremos com o verso pretendido
                     – carentes faleceremos

fingindo ler alhures a poesia
sonhando em opacos dias
            – e vendo na água a efígie da face fria.

Cismo desse modo antigo de saber.
Sábios nisto, néscios naquilo...
                  então
Deus escreve certo por linhas tortas?
Deus escreve torto por linhas retas?
Escreve o torto no horto? o certo a céu aberto?

| 215

ou é um Deus barroco traçando tratados em Tordesilhas?
vai fundar o V Império?
afastar Portugal de Espanha?
Então por que aos de Ibéria
deu 40 anos de areia
e ao meu país prometido
deu sete anos de praga
e renovou pra mais sete?

Deus lê só o que escreve?
sabe o que o homem apaga?
ou é um santo analfabeto anacoreta inalcançável poeta
fingindo não ver as tábuas do caos
                                    que cá embaixo

os homens escrevem e desmancham
            reescrevem e queimam
                de novo inscrevem e engolem
dissolvidos na cera e sangue dos que degolam?

13

Algumas vezes olhando o espelho
pareceu-me entender a história.
Devia ser assim
            que os reis
                        se vestiam dos fatos
e nus
      passavam a coroa aos filhos.

Se vejo a história na minha frente
      – ilusória imagem
                        entre narcisos refletida
é provável
            que eu me acabe confundido
            cabeça rolando na praça
            aos pés do povo mendigo.

Néscio
        pensava eu que havia um lugar *da* história
                        um lugar *na história*

lugares
>   onde passassem ou não
>   >   o cetro e a glória
e assim
>   confundia o falto fato ocorrido
>   com a imaginação que o incorpora.

Habitante de um terceiro mundo infindo e infundo
transbordado ou náufrago na margem
terceira e derradeira de um rio que segue
>   e me ignora

pareço um carroceiro
>   um camponês
>   um seringueiro
nas brenhas da Amazônia

>   >   enquanto sobre a mata
>   >   radiativos e impassivos
>   >   passam satélites ferozes
>   >   cruzando notícias da temperatura
>   >   das estrelas

sem saber da pressão e da erosão
do rio e da força que me explora e exila
na terceira margem das águas
que minhas barrancas roem.

>   Falam por mim outras línguas
>   >   – cultas e velhas
>   enquanto a minha
>   >   jovem e bela
>   fica por aí como flor de cemitério.

>   Falam por mim outras guelras e gargantas
>   >   que me violam
>   >   me devoram
>   >   me deploram
a mim
>   provinciano após a janta
>   >   a palitar os dentes sob a luz do poste

               vendo caírem na calçada
                        – mil falenas mortas.

Durante anos olhava o mundo:
                  – as grandes cidades!
e constrangido ansiava:
                  – é lá que passa a história.

Aí desembarquei:
       aflito me atropelei em obeliscos jornais
       esperanças vitrinas desculpas congressos
         tramóias sarcófagos praças comidas museus
       e vergonhas.

Enumerar lugares
       – seria, hoje, um fixar de ausências.
E como o perdido caminhante que descobre
no horizonte, súbito, a cidade que prevê
retomo o pequeno e grande romancista:

            – a verdade está na Rua Erê.

Rua para onde recolho o mundo
que foi necessário ver, des/ver
e concluir que o mundo alheio
é sempre um terceiro mundo
                  – à margem de você.

Há 20 anos como diariamente 20 mil anos de história.
Há 20 anos passo por essas estradas
                  – que o vão progresso perora
e no entanto

     as casas e subúrbios continuam os mesmos
     a mesma enxada nos sertões
     com homens de guarda-chuva saindo depois da
                                 [missa
     e mulheres barrigudas com seus vestidos de chita.

A história do homem
                não é seu nome
é sua fome. A troca

de perguntas vivas
                por respostas tortas.

Trocamos de frases e roupas
colocamos pontos e pontes
abrimos estradas e estórias
               – que, montanhosas ou planas,
                 se afogam nas reticências do mar.

Sujeitos?
        – que sujeitos somos senão abjetos-objetos
          que têm o vento
                  como complemento?
          Estúpido estudante soletro à tarde
          o que de manhã me ensinam.
                        À noite
sonho o que não sei
          de manhã
de novo
     abro outra cartilha
               – e o mar sem ilha.

Abro os filósofos. E sobre o lugar-comum
o espanto: – Tudo (já foi) dito
               – e nada se aprendeu.
– Ou será que eu mal me leio:
                nada inda foi dito
                enquanto
                     – não o escuto eu
                nada inda foi escrito
                enquanto
                     – não o leio eu.
Na pré-história de meus ossos
             – já piso o apocalipse.
Caem-me lavas de fogo em pleno Éden.
Com a boca amarga e cava
            sou aquele Adão de Massaccio
            curvado ao peso da expulsão
            ou um torpe profeta mineiro
            a esculpir espumas na pedra sabão.

Não sou um Matusalém
                 – mas às vezes tenho 70 anos.
Em geral
       sou um adolescente estouvado e doce.
Atingindo os 40
           sinto-me num altiplano.
                     Um índio quéchua
toco a flauta
      no declive.
           A morte
não é mais assunto alheio

               – é bordado em que já sei dar pontos.
Ou sinto-me na proa do Titanic.
                  Densa é a neblina
embora a festa nos salões
e os risos milionários dos cristais.
Vejo uma terrível massa branca
que avança sobre o convés

              e sem poder chamar o capitão
              jogo meu bote às ondas

              e começo a remar na escuridão.

Ou então como agora olho da janela:

              losangos em movimento
              cabeças eretas
              peitos amedalhados
                     – desfilam certos
                       uma enganosa paz.

Ali, há um palanque

              de onde os mais insanos
              pretendem gerir a glória.

Avalio a estória alheia e a que me legam.
Certo não estamos no mesmo palanque e estante
como não estaremos na mesma trincheira ou cova

tão certo quanto certo é

> que a estória que freqüentam
> não é a mesma que
> > padeço e cavo.

Estes versos sem continência
se não são o gesto avesso da parada
põem em movimento, e ao revés,

> – a uniforme estória desfilada.

Sem abatimentos sorver o espesso gosto do velho vinho
descobrir a graça das iluminuras o prazer dos olhos no
[antiquário
tão moderno quanto um inca tecendo as cores de seu manto
e soando solitário a flauta de bambu.

– Estou falando da vida
> como se fosse um poema?
– Estou contando-me a história
> como quem persegue um tema?

Estou em Florença nella Piazza della Signoria:
> toco o Perseu de Cellini, contemplo o David de
> [Michelangelo.
> No Capitólio, em Roma, recolho a infância da
> [mulher que amo
> e ato-a à minha infância em Juiz de Fora.

14

Por isto tornando ao ONDE através do QUANDO
me reencontrando no QUEM e me evadindo em COMO
saio com Champolion e/ou Anfion tangendo pedras e perdas
enquanto Orfeu dispara suas eletrônicas guitarras na Babel.

Abro sobre as mesas o farnel dos vagabundos e o
[portulano do avô.
Penetro o túnel com os operários mineiros e africanos
em busca do rútilo sentido ouropretano e diamantino:

    – negros se abatem nos subúrbios de Johannesburg
    – negros ainda se humilham nos subúrbios de Alabama
    – brancos fingem que não há negros no Brasil.

Sei que isto parece

>   meu negro e espiritual lamento
>   mas há uma hora de alegria parda
>
>   – e outra de tormento branco.

– ONDE estava você nos anos 60
                      quando crucificaram My Lord?

>   – Estava você em Heigh and Asbury Street
>   ou nos arrozais do Camboja?
>   – Estava você em Greenwich Village
>   ou no lagrimejante gás e sangue
>   de México e Roma
>   Paris e Praga
>   Rio e Berlim?
>
>   – Estava você em Piccadilly Circus
>   ou adestrando armas para subir o monte?

E no entanto ouvíamos os Beatles

>   andávamos nus nos parques
>   e nos vestíamos de flores e crianças
>
>   trocávamos a maçã
>   – pela verdade
>   e em vez da guerra
>   a paz dos corpos e campos
>   – pelo horror do lar.

Cresciam nossas barbas e profetizávamos ao luar. Do amor vieram ritos, hordas, incestos e alucinações.

           – Eu vi os céus! Eu vi Satã!

parece-me ainda escutar
             enquanto nos atirávamos das janelas
                           das festas

escapávamos
>   pelas frestas dos hospitais com as veias, os
>   >   pulmões,
> o cérebro ardendo cores-horrores-perdão.
> >   Éramos puros
> >   >   e tolos
> tocávamos flauta
> >   rogávamos o pão

>   plantávamos rosas e cogumelos na borda do vulcão
>   e em nossos pálidos corpos
> >   >   nasciam as unhas roxas da ilusão.
> O amor era comum
> >   a comida era comum
> >   >   e o nada era comum.

Enquanto isto
>   outros de nós
>   >   com desesperadas pupilas e promessas
> ensarilhavam evangelhos e tendas pelas serras afiando lanças
> porquanto eram eleitos
> >   e recebiam de um deus premente e ausente
> >   – mandamentos de amor e sangue.

Adiante anteviam Canaã. Preparavam sacrifícios
>   >   erguiam bezerros sobre a areia
>   >   >   adorando
> apocalípticas bestas nas bibliotecas e praças
> >   seguindo uma alucinada coluna de fogo.

Mas os espias não passaram dos muros levantados:
>   >   >   um a um
> começaram a se abater os valerosos atravessados
> >   >   por adagas de fel
> num tropel de choques surdos
> até que se arrojaram pelos campos mil escudos.

Ardiam archotes e corpos sobre o estádio
>   >   – cheio de pombas natimortas.

Era a olimpíada do ódio
e o servil sermão do medo.
E corríamos da polícia com os corações incendiados
queríamos passar a tocha, mas não nos revezavam
                              ao contrário
nos abatiam pelas grutas e desfiladeiros
                          e íamos tombando
pelas selvas e avenidas
            na caça ao bando de estabanadas raposas.

A corrida era uma fraude. E a platéia uma outra fraude.
Só não eram fraude a fúria da perseguição, o azorrague
                          [e o sangue
                – coagulado no chão.

Nus
    sangrando os pés
                os atletas
                    pisávamos a cal e o caos
e os ossos e as brasas dos olhos como tochas nos ardendo.

Plangei violões de rua, violas enluaradas
chorai serestas diamantinas, bandas do interior
neste auditório de esperanças disparadas

            breves nos foram a juventude dos anos
            os rudimentos de paz
                    os festivais de som e amor.

Mas éramos múltiplos discípulos. Mais que o bifronte
                                [Janus.
E, em breve, da hidra do pasmo renasciam o ódio e a fênix
                                e fuzilamos
o industrial no sujo subterrâneo
                    e seqüestramos a angústia
para ilhas e desertos frios.
            Mandamos cadáveres a domicílio
e a violência das ruas respondia às violentadas prisões
e ao horror somava-se o terror
                    e explodimos esperanças e aeroportos

mortificando sinagogas e sitiando quartéis

e quando ao fim da tarde havíamos já arrasado nove aldeias
estupramos alucinadas mulheres que corriam vermelhas
[no arrozal.

Os últimos que subiram a serra
desapareceram entre a folhagem
                         – já faz dez anos.

Traziam misturadas miragem e areia
                       e achavam que lá em cima
      entre napalms e carne seca
      receberiam as Tábuas da Lei. E desceriam
      em júbilo com a Arca da Salvação.
Exaustos
os discípulos ao pé do monte
                adormeceram
e Deus não compareceu à crucificação do próprio filho.

Anotamos isto, relatamos ao Rei.
                      – De nada adiantou.
Arrastavam os vencidos em carros de combate
nos alimentando com as fezes de nossos animais.
Nos expusemos às injúrias, ao opróbrio, ao muro,
            à devassa da casa e ao sêmen violador
quando
     garanhões alucinados
        iam invadindo nossas fêmeas

        e derribando nossas muralhas e filhas.

Anotamos isto ao Rei mais próximo.
Enviamos emissários aos principais vizinhos
relatando nossa ofensa.
                Abriam-se tribunais que nos livravam
            mas cujas distantes ordens
                – não nos alcançavam.

Cobertos de chagas
     já não nos reconhecíamos.
Cruzávamos um pelo outro

             e já não nos fitávamos
             – o amor em nós também passava ao largo.

E entramos a temer os móveis delatores
             a fechadura do abrigo
a precaver paredes e evitar visitas
                        porque ao leve toque da noite
– muitos se esvaneciam.

De outros reinos vieram
             emissários dignos.
E mal ouviram nossas queixas
             amáveis
                        queriam fazer troca
prometendo
       no futuro
             – nos livrar do jugo.

Já se somam 7 anos de praga
             e mais 7 se completam.
– Quando, senhor, cruzará teu povo o Mar Vermelho da
                                    [libertação?
Nossos mais secos gemidos
nenhum salmista registrou.
Por isto, sobre os rios da Babilônia
nos assentamos e choramos
enquanto nos lembramos de Sião.

             – Onde o poeta, o profeta, o rei-cantor
                  que varra de uma só testada
                  a desgraça que arde em nós?
             – Onde o guia, o messias, moisés ou josué
                  que desvie o sangue e os rios
                  pare o sol no horizonte
                  e nos purifique nos montes?

– Quem transformaria o sussurro em sinfonia?
                  o resmungo em audaciosa marcha?
                  o soluço em triunfal cantata?
                  e o quebranto das fugas
                     num contracanto de danças sobre a
                                          [praça?

15

Houve um tempo em que poesia havia.
E havendo poetas
              havia
o tempo do canto
                e o tempo
da alegria.

      Hoje
         – quem o escutaria?

Deveria eu como um grego tardio,
                        já que retardado Jeremias
continuar clamando:
            – Orfeu! rolai os dados de pedras
              no deserto para uma nova Tebas.

– Secai meus ossos e nos ossos dos meus mortos ressoai

            um mítico tempo novo
            em que se ouça o rapsodo
            nas arcadas triunfais
            e eu me resgate do estorvo
            e da descrença
                      – nas areias do Sinai.

– Poderiam ainda se inscrever no templo

      os versos de ouro e glória que a Píndaro couberam
      agora que a olimpíada está perdida?

– Pode Orfeu ainda juntar
                o leão e a corça
                o lobo e o gamo
                o urso e o cabrito montês?

– Pode restaurar a paz da aldeia
                  – entre o soldado e o camponês?

      – Não. Não é assim que vai Orfeu baixar à terra.
Assim gritando
      acabaremos roucos numa ópera de surdos.

– Pode um poeta tropical e eqüestre
             ser cavalo de um deus
                         – grego e celeste?

Deveria eu consultar os Orixás baianos
jogar os búzios do pajé no chão da taba
tentando ver na minha face a face oculta de Uirá?

– Há socorro ainda para <u>Zambi</u> descaído em seus Palmares?
– Salvação ainda para Atahualpa humilhado por Pizarro?
– Fé no ouro de Cholula conspurcado por Cortés?
– Que tormentos ainda aguardam Montezuma em Tenochtitlán?
e que traições a Ajuricaba na Amazônia?

O poeta olha seu tempo
            o seu poema
            o seu corpo em fezes se escoando
e, Narciso, se inquieta.

            Pensava decifrar na pele a escrita
            quando amou e desamou seu corpo na
                        [alfazema de outros corpos
e já cansado do amanhã esquartejou-se em postas de cruz
nas pirâmides do Sol e da Lua em Teotihuacan.
Diante do fogo. Nu
olho-me o pênis
            pau
                tacape.
Brinco com sua força. Inútil
à luz da lareira como um índio
a/traído e aldeado. Não sou
mais o jardineiro de Lady Chatterly nem o Adônis grego
ou aquela estátua renascentista numa praça de Veneza.

Sou um cacique bororo, moreno e inútil
coberto de tintas fortes e vergonha
no meu triste quarup espantando de sua aldeia
                        com a flauta
                        a morte.

Sozinho, à luz do fogo

contemplo meu sexo voraz
                e o solitário povo. Olho o fogo.
                Não preciso mais roubá-lo a Zeus.
Caímos juntos em desgraças
                nas mesmas cinzas do olimpo.

Mas houve um tempo
em que meu pênis era um aríete e a mulher a fortaleza
meu pênis era a alavanca numa cama movendo um universo.

Devo estar envelhecendo
                ou virando um jovem sábio
                  – o que, ao revés, também não salva.
Não sou mais um adolescente no claustro seminando
                            [puros versos.
Meu pênis não é mais um poleiro onde possa recolher
                todas as mulheres à noitinha.
Meu pênis não é o estilete inscrevendo sêmen nas
                      [tábuas da eternidade.
Antes, com Alexandre Nevsky, arrasaria com essa lança
                            [e espada
os exércitos mongóis e os afundaria em lagos de derrota e
                            [gelo.

Ainda um pouco
        e Salomão entre almofadas
            contemplarei em tédio meu destronado
    sexo.

            Sábio e néscio
meu abatido povo e declinado pênis.

                  Ali, no entanto, à minha frente
arde uma fogueira no passado.

        Tento ler o tempo em que me ardo
        e reviver minhas manhãs
          – antes que tarde.

16

Releio o meu poema.
               Me assento à margem desse texto
e me descubro um Velho do Restelo
                       um naufragado Camões
sobraçando versos de amor ao povo
a ver que se perdeu no Índico Oceano
                     o melhor daquela idade.

Dentro em mim há um bruxo de bastidor
                      um Hamlet, um Macbeth
conversando espíritos nas frestas dos castelos
representando a tragédia que o representa, forçando
os membros da família a atuarem
                      numa tensa expiação

rasgando cenários e vestes
                    purgando o assassino rei do pai
que seduziu a mãe, afogou-me a amada e converteu a corte
num coro de pigmeus que não ousam dizer
                    que o rei ensandeceu.

Os poetas antigos sabiam pôr fim aos seus dias e poemas
deixando numa pedra do monte ou na portada da cidade
aquele velho-profeta-bruxo a meditar cansado
             as ansiadas vitórias e esperanças derrotadas.

Os modernos, não escrevem epopéias, só os insanos.
Põem-se líricos e/ou dramáticos ante a terra devastada
                    e jogam seus versos ao tempo

como o vento movendo as dunas do deserto
                    mudando de lugar apenas
a eterna areia do texto
           que aos olhos se acumula em novos montes.

Releio meu poema:

    – quantas vezes para coisas futuras
      e passadas só achei a rima em nada?

    – quantas vezes bradei para que o instante-agora

se convertesse numa eterna-aurora?

– quantas vezes misturei estória e história
 travesti o velho e o novo e falei do pobre
 povo como quem vermina o falto ouro da mina?

– fui iludido pela mecânica métrica da espera
 ou trocad/ilhei o desespero
        na mesma jaula das feras?

– falei a língua fervente em que se escalda
 a alma do crente?
       ou fui o impenitente escultor
 carpindo o texto do obelisco
         – arguto e ríspido
 exposto para sempre ao esque/cimento?

Releio a trama:

  meu COMO, meu ONDE, meu QUANDO, meu
            [QUEM
   são feridas na frase exposta?

  ou o primeiro sinal
     – que alguém me dá a resposta?

Pergunto pelas personagens e temas:

  a princípio um navegante à deriva num mar
   ou selva gótica que em mim se constelava

  voraz desembarquei num faminto continente
   podendo ser comido pelos peixes em guerra

  ou devorado por minha alma-índia numa ceia
   que deixasse apenas os degredados ossos na areia.

E o poema se foi gerando como se intumesce a vida
e a paisagem quando o orgasmo dos vulcões explode
e sedimenta ossos e c/idades e escorre lavas e medos
e os rios crescem seu exílio e os desertos
se povoam de profetas e miragens e as cidades
fecham-se em prisões a torturar o homem
        – com poluída linguagem.

– De onde vieram o índio, o atleta, o guerrilheiro, o
marginal provinciano, o ateu profeta
               – senão da mesma ausência do poeta?

senão da mesma ânsia de extravasar o muro dos instantes
      fincando a vara sobre a terra
          num feroz salto distante

que tanto pode se alquebrar nas selvas e montanhas
como atravessar olímpico a linha do horizonte?

– É este um texto cravado na Porta do Sol, relógio de
pedra e ouro, osso asteca exposto
        como o povo brilhando fosco
                    – à luz dos anos?

– Ou é o som de alguém ganindo como um cão danado
                 – não para os arcanos
mas para os quartéis que povoam e uniformizam o ser
                          latino-americano?

– Deveria ter deixado de citar alheias bíblias
tragédias européias e outras teias de aranha
que retêm a abelha, mas não detêm o urso, que ao natural
selvagem
        suga melhor o mel de uma colméia?

Ou é este um hino tropical num canto-chão?
uma canção que escorre sobre os muros de Tikal e Cuzco?

Ah, meu velho e novo Popol Vuh!
            De fato estávamos ali vencidos
e já não tínhamos escudos, já não tínhamos bordunas
já não tínhamos o que comer.
            Foi-se o abrigo
e toda a noite choveu sobre nós.

        Mas embora fosse ainda escuro, os deuses
como homens se ajuntaram numa assembléia
      junto às pirâmides de Teotihuacan

ali
  onde antes havia uma águia

sobre um cactos devorando uma serpente
                               ali
se assentaram de novo os homens com a pertinácia
                               [dos deuses

como num canto desse continente se ajuntam desde sempre
os Mbya-Guarani
        resistindo a quatro séculos de ofensa
        sobrevivendo aos alheios Xamãs
        e conservando na memória o Grande Falar.

Amanhece sobre as árvores da taba.

Uma voz de índio ecoa entre a neblina da floresta.
Nos quartéis, uma vez mais, os espanhóis despertam
tocam seus clarins e seus cavalos
                e vão extrair do sangue guarani
o ouro que decora igrejas e mulheres.

    Índio, eu olho o brilho das espadas e estandartes
o tropel empoeirado e colorido da morte
                – cada vez mais perto

e aguardo o inimigo com uma canção nos lábios
                – e meu peito aberto.

Belo Horizonte/1977
Köln (Alemanha)/1978

QUE PAÍS É ESTE? (1980)

QUE PAÍS É ESTE?
para Raymundo Faoro

> *Puedo decir que nos han traicionado? No. Que todos fueran buenos? Tampoco. Pero alli está una buena voluntad, sin duda y sobretodo, el ser así.*
>
> CÉSAR VALLEJO

1

Uma coisa é um país,
outra um ajuntamento.

Uma coisa é um país,
outra um regimento.

Uma coisa é um país,
outra o confinamento.

Mas já soube datas, guerras, estátuas
usei caderno "Avante"
 – e desfilei de tênis para o ditador.
Vinha de um "berço esplêndido" para um "futuro radioso"
e éramos maiores em tudo
 – discursando rios e pretensão.

Uma coisa é um país,
outra um fingimento.

Uma coisa é um país,
outra um monumento.

Uma coisa é um país,
outra o aviltamento.

Deveria derribar aflitos mapas sobre a praça
em busca da especiosa raiz? ou deveria
parar de ler jornais

                        e ler anais
como anal
            animal
                    hiena patética
                                na merda nacional?
Ou deveria, enfim, jejuar na Torre do Tombo
comendo o que as traças descomem
                                procurando
o Quinto Império, o primeiro portulano, a viciosa visão
                                        [do paraíso
que nos impeliu a errar aqui?

    Subo, de joelhos, as escadas dos arquivos
    nacionais, como qualquer santo barroco
                                a rebuscar
    no mofo dos papiros, no bolor
    das pias batismais, no bodum das vestes reais
    a ver o que se salvou com o tempo
    e ao mesmo tempo
                  – nos trai.

2

Há 500 anos caçamos índios e operários,
há 500 anos queimamos árvores e hereges,
há 500 anos estupramos livros e mulheres,
há 500 anos sugamos negras e aluguéis.

Há 500 anos dizemos:
    que o futuro a Deus pertence,
    que Deus nasceu na Bahia,
    que São Jorge é que é guerreiro,
    que do amanhã ninguém sabe,
    que conosco ninguém pode,
    que quem não pode sacode.

Há 500 anos somos pretos de alma branca,
    não somos nada violentos,
    quem espera sempre alcança
    e quem não chora não mama
    ou quem tem padrinho vivo
    não morre nunca pagão.

Há 500 anos propalamos:
    este é o país do futuro,
    antes tarde do que nunca,
    mais vale quem Deus ajuda
    e a Europa ainda se curva.

Há 500 anos
    somos raposas verdes
    colhendo uvas com os olhos,

    semeamos promessa e vento
    com tempestades na boca,

    sonhamos a paz da Suécia
    com suíças militares,

    vendemos siris na estrada
    e papagaios em Haia,

    senzalamos casas-grandes
    e sobradamos mocambos,

    bebemos cachaça e brahma
    joaquim silvério e derrama,

    a polícia nos dispersa
    e o futebol nos conclama,

    cantamos salve-rainhas
    e salve-se quem puder,

    pois Jesus Cristo nos mata
    num carnaval de mulatas.

Este é um país de síndicos em geral,
este é um país de cínicos em geral,
este é um país de civis e generais.

    Este é o país do descontínuo
    onde nada congemina,

    e somos índios perdidos
    na eletrônica oficina.

    Nada nada congemina:

    a mão leve do político
    com nossa dura rotina,

    o salário que nos come
    e nossa sede canina,

    a esperança que emparedam
    e a nossa fé em ruína,

    nada nada congemina:
    a placidez desses santos
    e nossa dor peregrina,

    e nesse mundo às avessas
    – a cor da noite é obsclara
    e a claridez vespertina.

3

Sei que há outras pátrias. Mas
mato o touro nesta Espanha,
planto o lodo neste Nilo,
caço o almoço nesta Zâmbia,
me batizo neste Ganges,
vivo eterno em meu Nepal.

    Esta é a rua em que brinquei,
    a bola de meia que chutei,
    a cabra-cega que encontrei,
    o passa-anel que repassei,
    a carniça que pulei.

Este é o país que pude
              que me deram
                        e ao que me dei,
e é possível que por ele, imerecido,
                        – ainda me morrerei.

4

Minha geração se fez de terços e rosários:

          – um terço se exilou
          – um terço se fuzilou

                         – um terço desesperou

nessa missa enganosa
                         – houve sangue e desamor. Por isto,
canto-o-chão mais áspero e cato-me
                         ao nível da emoção.

Caí de quatro
            animal
                 sem compaixão.

                 Uma coisa é um país,
                 outra uma cicatriz.

                 Uma coisa é um país,
                 outra a abatida cerviz.

                 Uma coisa é um país,
                 outra esses duros perfis.

Deveria eu catar os que sobraram,
            os que se arrependeram,
            os que sobreviveram em suas tocas
e num seminário de erradios ratos
                 suplicar:
                         – expliquem-me a mim
                         e ao meu país?

Vivo no século vinte, sigo para o vinte e um
ainda preso ao dezenove
      como um tonto guarani
      e aldeado vacum. Sei que daqui a pouco
      não haverá mais país.
País:
      loucura de quantos generais a cavalo
      escalpelando índios nos murais,
      queimando caravelas e livros
                         – nas fogueiras e cais,
      homens gordos melosos sorrisos comensais
      politicando subúrbios e arando votos
      e benesses nos palanques oficiais.

Leio, releio os exegetas.
Quanto mais leio, descreio. Insisto?
Deve ser um mal do século
– se não for um mal de vista.

    Já pensei: – é erro meu. Não nasci no tempo certo.
               Em vez de um poeta crente
               sou um profeta ateu.
               Em vez da epopéia nobre,
               os de meu tempo me legam
               como tema
                            – a farsa
               e o amargo riso plebeu.

5

Mas sigo o meu trilho. Falo o que sinto
e sinto muito o que falo
                       – pois morro sempre que calo.
Minha geração se fez de lições mal-aprendidas
                  – e classes despreparadas.
Olhávamos ávidos o calendário. Éramos jovens.
Tínhamos a "história" ao nosso lado. Muitos
maduravam um rubro outubro
                       outros iam ardendo um torpe agosto.
Mas nem sempre ao verde abril
                       se segue a flor de maio.
Às vezes se segue o fosso
                   – e o roer do magro osso.
E o que era revolução outrora
                       agora passa à convulsão inglória.
E enquanto ardíamos a derrota como escória
e os vencedores nos palácios espocavam seus champanhas
                            sobre a aurora
o reprovado aluno aprendia
         com quantos paus se faz a derrisória estória.
Convertidos em alvo e presa da real caçada
abriu-se embandeirado
         um festival de caça aos pombos

        – enquanto raiava sangüínea e fresca a madrugada.

Os mais afoitos e desesperados
em vez de regressarem como eu
                sobre os covardes passos,
e em vez de abrirem suas tendas para a fome dos desertos,
seguiram no horizonte uma miragem
                      e logo da luta
                                passaram
                    ao luto.

Vi-os lubrificando suas armas
    e os vi tombados pelas ruas e grutas.
Vi-os arrebatando louros e mulheres
    e serem sepultados às ocultas.
Vi-os pisando o palco da tropical tragédia
    e por mais que os advertisse do inevitável final
    não pude lhes poupar o sangue e o ritual.

    Hoje
        os que sobraram vivem em escuras
        e européias alamedas, em subterrâneos
        de saudade, aspirando a um chão-de-estrelas,
        plangendo um violão com seu violado desejo
        a colher flores em suecos cemitérios.
Talvez
        todo o país seja apenas um ajuntamento
        e o conseqüente aviltamento
                      – e uma insolvente cicatriz.

    Mas este é o que me deram,
    e este é o que eu lamento,
    e é neste que espero
                    – livrar-me do meu tormento.

Meu problema, parece, é mesmo de princípio:
– do prazer e da realidade
                    – que eu pensava
com o tempo resolver
                  – mas só agrava com a idade.

Há quem se ajuste
engolindo seu fel com mel.
Eu escrevo o desajuste
vomitando no papel.

6

Mas este é um povo bom
                        me pedem que repita
                        como um monge cenobita
                        enquanto me dão porrada
                        e me vigiam a escrita.

Sim. Este é um povo bom. Mas isto também diziam
os faraós
      enquanto amassavam o barro da carne escrava.
Isso digo toda noite
                    enquanto me assaltam a casa,
isso digo
     aos montes em desalento
enquanto recolho meu sermão ao vento.

Povo. Como cicatrizar nas faces sua imagem perversa e una?
Desconfio muito do povo. O povo, com razão,
                              – desconfia muito de mim.

Estivemos juntos na praça, na trapaça e na desgraça,
mas ele não me entende
                    – nem eu posso convertê-lo.
A menos que suba estádios, antenas, montanhas
e com três mentiras eternas
                  o seduza para além da ordem moral.

Quando cruzamos pelas ruas
não vejo nenhum carinho ou especial predileção nos
                                    [seus olhos.
Há antes incômoda suspeita. Agarro documentos,
                          [embrulhos, família
a prevenir mal-entendidos sangrentos.

Daí, já vejo as manchetes:

– o poeta que matou o povo
– o povo que só/çobrou ao poeta
– (ou o poeta apesar do povo?)

– Eles não vão te perdoar
                    – me adverte o exegeta.
Mas como um país não é a soma de rios, leis, nomes de
              [ruas, questionários e geladeiras,
e a cidade do interior não é apenas gás neon, quermesse
              [e fonte luminosa,
uma mulher também não é só capa de revista, bundas e
              [peitos fingindo que é coisa nossa.

Povo
     também são os falsários
     e não apenas os operários,
povo
     também são os sifilíticos
                         não só atletas e políticos,
povo
     são as bichas, putas e artistas
                    e não só escoteiros
                    e heróis de falsas lutas,
     são as costureiras e dondocas
                    e os carcereiros
     e os que estão nos eitos e docas.
Assim como uma religião não se faz só de missas na matriz,
mas de mártires e esmolas, muito sangue e cicatriz,
a escravidão
              para resgatar os ferros de seus ombros
                                          requer
poetas negros que refaçam seus palmares e quilombos.

Um país não pode ser só a soma
de censuras redondas e quilômetros
quadrados de aventura, e o povo

não é nada novo
         – é um ovo
              que ora gera e degenera

     que pode ser coisa viva
         – ou ave torta

depende de quem o põe
      – ou quem o gala.

7

Percebo
  que não sou um poeta brasileiro. Sequer
  um poeta mineiro. Não há fazendas, morros,
  casas velhas, barroquismos nos meus versos.

Embora meu pai viesse de Ouro Preto com bandas de música
  [polícia militar casos de assombração e uma alma milenar,
embora minha mãe fosse imigrando hortaliças protestantes
  [tecendo filhos nas fábricas e amassando a fé e o pão,
olho Minas com um amor distante,
como se eu, e não minha mulher
       – fosse um poeta etíope.

Fácil não era apenas ao tempo das arcádias
entre cupidos e sanfoninhas,
fácil também era ao tempo dos partidos:
     – o poeta sabia "história"
    vivia em sua "célula",
     o povo era seu *hobby* e profissão,
     o povo era seu cristo e salvação.

O povo, no entanto, não é o cão
e o patrão
    – o lobo. Ambos são povo.
    E o povo sendo ambíguo
    é o seu próprio cão e lobo.

Uma coisa é o povo, outra a fome.
Se chamais povo à malta de famintos,
se chamais povo à marcha regular das armas,
se chamais povo aos urros e silvos no esporte popular

então mais amo uma manada de búfalos em Marajó
e diferença já não há

entre as formigas que devastam minha horta
e as hordas de gafanhoto de 1948
                    – que em carnaval de fome
                    o próprio povo celebrou.

Povo
    não pode ser sempre o coletivo de fome.
Povo
    não pode ser um séquito sem nome.
Povo
    não pode ser o diminutivo de homem.

O povo, aliás,
    deve estar cansado desse nome,
embora seu instinto o leve à agressão
                                e embora
o aumentativo de fome
                possa ser
                    revolução.

CANÇÃO DO EXÍLIO MAIS RECENTE

para Fernando Gabeira

1

Não ter um país
            a essa altura da vida,
            a essa altura da história,
            a essa altura de mim,
                – e o que pode haver de desolado.

É o que de mais atordoante
pode acontecer ao pássaro e ao barco
            presos desde sempre à linha do horizonte.

            Desde menino
            previvendo perdas e ansiedades
            admitia
                as mobílias em mudança, galinhas
            mortas na cozinha, o incêndio em plena casa

     e a infância com os amigos se afogando.

Mas sobre país
     eu pensava ser como pai e mãe: pra sempre.

País
  era o quintal e a horta a alimentar a mim
  e aos filhos com a sempre zelosa sopa do jantar.
País
  era como a Amazônia: desconhecidamente da gente
  ou como o São Francisco: inteiramente pobre e nosso.

Hoje
  meu pai, cansado, já se foi
  minha mãe, com fé, já se prepara
         e a horta
  se não se deu às pragas
  – já foi toda cimentada.
Meus irmãos estão dispersos. Já não conversamos
como anjos adolescentes
     debruçados sobre o sexo das tardes.

No entanto, há muito elaboro as perdas
e sigo a metamorfose das nuvens. Vi os corpos
mais amados se escoando no lençol
depois de ter sentido a fé fanar-se, digamos:
     – ao mais leve frêmito carnal.

E após a tensa geografia caseira
com pai e mãe, seis filhos na mesma mesa e igreja,
  ano após ano, pasmo percebo
  que meus irmãos iam-se partindo
  como aqueles que, mais tarde, num gesto
           [guerrilheiro
  foram domar o dragão do castelo e a cidadela
  a tropeçar nas celas e fronteiras
     e a fenecer exílios e quimeras.

2

Ter ou não ter: – eis o sertão
    a lei do cão, de Lampião

– embora Padinho Cícero e seu sermão.
Que tudo é deles
        que me têm, detêm, retêm
        o meu direito e o passaporte,
        a identidade e os impostos
        e o medo com que abro a porta,

que tudo é deles:
        o arado e a bosta do prado,
        a colheita e o mofo do pão,
        o berro-boi contido e o ferro em brasa
        – com que me marcam a canção,

que tudo é deles:
        os rios com seus mangues,
        os picos da neblina assassina,
        os pedágios da impotência
        e a inclemência nordestina.

País. Como encontrar-se num,
se mesmo o nosso quarto (antigo exílio)
a militar família penetra e fuxica
a vasculhar diários e delírios?
Como encontrar-se num

        se a natureza do corpo
        – paisagem antiga e íntima –
        a milícia dos tratores desmonta e violenta
        na fabril poluição?

Será que sou um palestino? alguém que já perdeu
de antemão todas as guerras? ou será que sou aqueles
        [alemães
que vi nas margens do Reno
        – cuidando de suas hortas e flores,
e sobre as derrotas e canteiros
vão refazendo seus filhos por cima da cicatriz
a carregar a encapotada alma
        viva-e-torta?

Ter ou não ter, eis meu brasão,

ou refrão dessa impotente canção.
>   Se trágico é o poder
>   – o não poder
>   sempre foi triste.

Mas não posso, é proibido
não ter um país, dizem-me na alfândega.
No entanto, este não me serve, como não me serviram
os outros, quando os habitei maravilhado entre castelos
e vitrinas, entre hambúrgueres e neblinas, entre as coxas
claras das donzelas dos contos da carochinha.

Este não me serve, assim dessa maneira,
a me impingirem idéias mortas, me vestirem camisas-
           [de-força, fraques e cartolas tolas
– e eu sabendo que o defunto é bem maior.

– Viver é isso? – É descobrir na pele dobras
de paisagens novas, e lá fora ir perdendo a vista antiga?
– É renunciar ao ontem, refazer o ato?
e saber que em nosso corpo e país
                    – o amanhã é um fogo-fátuo?

E eu aqui, no nenhum-desse-lugar, estrangeiro
exilando-me ao revés, vendo o passaporte roto de traças
que transferem
           para o nada
                    a carcomida face.

3

Mas, às vezes, em pleno tédio, em calmaria
                         – ao largo
fico como os parvos navegantes, à mercê dos fados
sonhando no astrolábio
                    chegar às Índias pelo avesso.
À espera
       que um vento louco me enfune as pandas velas
desoriente-me a nau e o sangue marinheiro
       e eu chegue à terra santa e profana
onde me esperam as tribos com festões e danças.

E eu
>jogando ao mar a cruz e a espada
correndo para a praia
>peça para ser o menor deles
e me aquecer à luz do fogo
>em meio à taba
e transformar meu vil degredo
>– em eterna festa.

COMO AMO MEU PAÍS

para Moacyr Félix

1

Com aquela melancolia que ao entardecer
>em Teresina
eu olhava do outro lado do sujo rio
>a vilazinha de Timon,

com a fúria da multidão endomingada martelando
>[caranguejos
entre farofa e cerveja
>numa praia em Aracaju,

com a penitência de quem amassa o barro

que depois vira anjo nas mãos das mulheres de Tracunhaém

com a solidez marinha do jangadeiro
>em Cabedelo
empurrando a esperança mar adentro
e a repartir a espinha do dia morto sobre a areia,

com a cadência magoada do vaqueiro tangido nos seus
>[cornos
a recolher o sal e a solidão
>nos currais de Minas, em Curvelo,

assim
>eu amo este país que me desama.

2

Deveria deixar de amá-lo como sub ser vivo
                        e amá-lo ostensivo
                               num tropel de bandeiras
                               num estádio de urros
                               e canções guerreiras?

Amo este país
             como o hortelão cuida e corta
a praga de sua horta
         e parte com seu cesto a bater de porta em porta,
com a resignação do operário
             abraçado à neblina da marmita,
quando larga os panos e a mulher na madrugada
e sai do café quente de sua casa
e desce nos vagões de medo ao fundo da espúria mina.

3

Deve haver quem ame o seu país
                     como quem escarra em casa própria,
                     coça o saco na calçada,
                     arrota e palita os dentes,
                     entorna cachaça ao santo
                     suando a alma e o corpo
                     no ébrio espasmo do gol.

Uns amam seu país
como o mendigo o seu muro,
como o agiota o seu juro.

Outros
     como o domador às suas feras:
                             – distância e precisão –
     para evitar que o povo
                        – lhe arranque o poder da mão.

Outros amam seu país
como o carcereiro a prisão,
o lenhador a floresta

e o carvoeiro o carvão.

Há quem o ame no palco e pista
sem máscaras, expondo as vísceras,
e há quem o ame sonolento
num camarote ou nas frisas
enquanto o cantor, o cavalo e jogador
se atropelam numa ópera surrealista.

Há quem o ame com o cáustico e sádico amor
com que o gigolô deprava e surra a cansada mulher
                                              [das madrugadas
ou quem o ame
        como a própria mulher
                furando seus cartões ao som do sexo
                aviltado no metal da orquestra.

4

Eu, quando posso,
                ponho minha alma num carro de bebê
                e vou levá-la ao sol da praça. Praça
                que ninguém mais conheceu
                que Felipe dos Santos atado
                à cauda do cavalo, cimentando o chão
                com o repasto de seu sangue.

Fora isto
        com a passividade estrangulada do índio
            carregando as armas do invasor
tenho a ingenuidade e o desperdiçado amor
dos Kreen-Akarores em suas matas
quando viram os berloques e espelhos
                                  trazidos
pelos irmãos Vilas-Boas
                do outro lado do rio.

Desde então
eu amo este país
                – como a prostituta ama a estrada.

UMA GERAÇÃO VAI, OUTRA GERAÇÃO VEM

Quando eu era menino
e meus pais e tios contavam da ditadura
que demorou 15 anos, partiu suas vidas em duas
entre censuras, polícias e torturas
eu os olhava como uma criança olha o desamparo de
[um adulto.

Hoje, minhas filhas me perguntam
sobre esses 15 anos de outra ditadura
que me sobreveio em plena juventude
e eu as olho como um adulto olha o desamparo da criança.

Tenho 40 anos. Escapei
de afogamentos e desastres antes e depois das festas,
e atravesso agora a zona negra do enfarte.
Em breve
        estarei sem cabelos e com mais rugas na face.
Quando vier de novo nova ditadura
                        estarei velho
e com tédio frente ao espelho
contemplando o desamparo em que vou deixar meus netos.

CRÔNICA DOS ANOS 60

para Roberto Drummond

Em 1966
       na Guatemala
              pela primeira vez
vi cartazes de: "procuram-se guerrilheiros".

       Caliças de astecas pobres.
       desmaiadas mantas e peles,
         pirâmide de pedra ao sol
e o chofer falando de Índio Peredo
e que o povo
            afinal
                não o seguiria.

Eu seguia para Antiqua
a ver seus dois vulcões, a destruída igreja
e o que o homem planta e colhe
                das lavas frias dos sermões.

Só um ano mais tarde
              – Guevara
nas matas ralas da Bolívia
              morreria

cumprindo a sina e assassina profecia.

No Brasil
      – país de vulcões brancos
      e negras lavas contidas,
guerrilheiros não derramavam ainda suas mortes
                – nas encostas dos jornais.
Estavam pelos bares, nos comícios,
            nos divãs dos analistas
              tentando um novo casamento
                  – e a ficção.

Outros, no entanto, sorrateiros
      se esvaneciam do quadro-negro das salas,
      se ausentavam dos diagramados jornais,
      se escafediam
            da ordem unida dos quartéis,
            da saliva caseira das mulheres
            e das dívidas mensais.

Havia quem se apartasse dos partidos
burgueses de massa falida
e decretasse a ordem pessoal da rebeldia.

            Eu
               ia e
            vinha

      entre um país e outro, entre
      uma universidade e outra, entre
      uma mulher e outra, sem achar
      a pérola da ostra

>   sem saber *onde*
> o país, *como* o poema, *qual* o problema,
> *que* praga neurótica e histórica
> nos corrói desde sempre
>   – a colheita da paz e do *maiz*.

E enquanto amarrotavam minha alma
na mala-sorte da alfândega
            eu ia amando e retornando
            e desamando e me partindo
            e desarmado revoltando.

Embaralhado à multidão chorando gás e emoção,
quase perdia a vida e o avião.
Ao leste do inverso Éden
                era latente,
                tropical,
                dilacerante
                – o meu Vietnã.

Escrevia e lia o que podia
na minha língua estrangeira,
marchava e amava onde deixavam:
em Los Angeles,
    Carmel,
    São Francisco,
eu, ex-negro brasileiro, ao lado de Luther King
a*paz*centado no *sit-in,*
rea(r)mado no *love-in*
transcendental, pousando a*luz*cinado em Big Sur,
                    Sunset Boulevard.
                    ao azar,

ou então arrebatado ao deserto de Mojave e Hot Spring,
ou no vulcão Ubehebe a conhecer o fundo orgasmo e as
                                    [lavas
da tarde em que as paixões adolescentes em nossas
                        [bocas irrompiam.

É para lá que eu ia
        já que em Cananéia e Doxá,

>   em Campo Grande e Bien Hoa,
>   no Araguaia e Kan Ton,
> morriam os mais afoitos, perdiam-se
> os incautos, e manchavam-se a carne e o arroz.

Eu desaprendendo o país
>   e o ensinando lá fora,
e os alunos me indagando:
>   e eu me explicando. Explicando
>   e eles pouco entendendo. Então,
>   voltava à casa e lia pesados tomos,
>   pedia auxílio nas cartas, mas as perguntas
>   eram peixes perdidos ou gaivotas mortas
>   – pois não desovavam respostas.

Era maio.
>   Mês literário e suburbano
>   com virgens, missas e flores,
>   que de repente desata-se em Sorbonnes
>   numa ilusão libertária.

E as canções
>   me interpretando e os cabelos e barbas
>   como algas em minha face me afogando
>   – alguma coisa já estava acontecendo
>   e você já não sabia o quê, Mr. Jones.

Antigamente se ia a Meca
>   e a Aparecida do Norte. Fui
>   a Greenwich Village,
>   Heigh and Asbury Street,
>   Piccadily Circus

>   – e *nowhere*.

E as canções me encaminhando, e as visões
se clareando, e os corações
se disparando, e a enxada
em vez da espada, e a viola
enluarada, e a alma encurralada
soltando o ambíguo berro:

– que tudo mais vá pro inferno.

Viva Ipanema sacana,
viva Iracema na cama,
meu reino tropical
por uma real banana,
minha central república cítrica enlatada
pela revolução cubana!

Ah, minha tropical escritura desestruturada em
[ditaduras e prostrado na tortura onde amarelos submarinos
[se afogam em paus-de-arara verdes com azuis menestréis
[cantando dores dominicanas e pedras sobre pedras sendo
[derribadas das babilônias pelos Rolling Stones embalando
[*babies* nazarenos Beatles nas vitrinas de incenso e *jeans*
[queimando nas butiques mendigando o artesanato grupal e
[seminando o sexo rural no mural *pop* ocidental faça pipi
[num *poster* faça o amor o *rock* e a guerra não mata só Jimmy
[Hendrix heroína é quem dá e quem tem fé vai ao Oriente ou
[puxa o *Hair* pelos cabelos e fuma à luz da superestrela

AME-O OU DEIXE-O

Deixei-o várias vezes e amei-o
com ódio ao meio.

Breve nos foram os anos 60
e ainda mais breve para os que se foram
pulando das festas ou deixando flores na cova ao pé
                                            [do morro.

– Estão frias as carnes e lavas?
– Somos uma geração com ereção política apagada?
– Em que cinzas arderão os sábios os seus provérbios e
                                            [orgasmo?

    Leves para alguns, eternos para outros
    assim nos foram os anos 60.
    E como diz o salmista:

            – se alguém chega aos 70 ou 80
            só encontra a canseira e o enfado.

RAINER MARIA RILKE E EU

Rilke

>quando queria fazer poemas
>pedia emprestado um castelo
>tomava da pena de prata ou de pavão,
>chamava os anjos por perto,
>dedilhava a solidão
>>como um delfim
>
>conversando coisas que europeu conversa
>entre esculpidos gamos e cisnes
>>– num geométrico jardim.

Eu

>moderno poeta, e brasileiro
>com a pena e pele ressequidas ao sol
>>[dos trópicos,
>
>quando penso em escrever poemas
>>– aterram-me sempre os terreais problemas.
>
>Bem que eu gostaria
>de chamar a família e amigos e todo o povo enfim
>e sair com um saltério bíblico
>dançando na praça como um louco David.

Mas não posso,

>pois quando compelido ao gesto do poema
>eu vou é pegando qualquer caneta ou lápis e papel
>>[desembrulhado
>
>e escravo
>escrevo entre britadeiras buzinas seqüestros salários
>>[coquetéis televisão torturas e censuras

e os tiroteios

>>que cinco vezes ao dia
>>disparam na favela ao lado

metrificando assim meu verso marginal de perseguido
que vai cair baldio num terreno abandonado.

24 DE AGOSTO DE 1954

para Frei Beto

Na madrugada em que Getúlio
                se matou
eu, no interior de Minas,
            dormia impunemente
         em adolescentes lençóis.

Os padeiros serviam pão
nas janelas, e nos quintais
os galos serviam a aurora
                – por cima dos generais.

Tomei meu mingau com aveia
            – a bênção da mãe na sala,
peguei nos lápis e livros
e saí pela neblina
sem saber que um feriado
me livraria das provas
– e me abateria na esquina.

            Às 10 horas a notícia quente
            me veio nas mãos e na fala
            do professor de História.

Suspensa a aula (e o país)
o mestre teorizava
para um grupo no portão
            teorizava
como quem pisa o barro
erguendo tijolos frios
para exaurir
         – sangue e lama. A lama
            que se derrama
            não só dentro, de fora
            dos jornais e dos palácios
            ardendo vergonha e fogo
            como o povo ardia a praça.

Me lembra a voz do messias

com seu sermão serra abaixo,
como uma ovelha acuada
falando em holocausto e sangue.

E havia a palavra *povo*

      e a ela se referia
      como seu ectoplasma.

O mais não lembro.
    Foi um dia meio confuso
    com rádio, jornal e fúria,
    em que as lições eram dadas
    fora dos muros da escola.

Outros dias se seguiram
    com neblina, aveia e espanto,
    os padeiros servindo o pão
     – para os parvos comensais
    e os galos servindo a história
     – pela mão dos generais.

CRÔNICA POLICIAL

1

§. Ontem três homens duros e armados
 entraram na casa de um casal amigo
 comeram, beberam, violentaram uma visita,
 levaram dinheiro, objetos e saíram em zombaria
  – num carro que largaram no subúrbio da Central.

§. Ontem a filha de um amigo esperava o ônibus,
 chegou-lhe um mulato forte, que lhe deu um bote,
 levou-lhe a bolsa e o corpo para o matagal
 surrando-a com pedra e pau. E ela morria,
 não conseguisse correr e se lançar na frente de um carro
 que obrigado a parar levou-a ao hospital.

2

O casal da primeira estrofe e estupro
não foi ao jornal, mas hoje recebeu

outro casal
           seviciado pelo mesmo grupo
que possuiu a mulher grávida
e seqüestrou a empregada como trunfo.
O pai da filha com o rosto destruído
ocultou a notícia com medo
da chantagem e da polícia.

3

Da minha varanda outrora eu via o mar e a ilha
antes de erguerem armadilhas e arranha-céus
em nossos bolsos e vistas. Crimes, antigamente,
não eram organizada guerrilha. Eram desastres aéreos
que não ocorriam com a gente.

Hoje sucedem-me na sala
                        – entre um programa e outro,
           no quarteirão
                        – entre um legume e outro.
Estou no Líbano, na Irlanda, Vietnã, Chicago e
                                   [Stalingrado.
Há uma batalha em plena rua e o governo não sabe.
Inaugura estradas, deita fala, sem ver que as rodovias
estão cheias de eleitores mortos
                        – e seu discurso, crivado de balas.

4

Há dias,
         minha filha vindo do colégio
                                   deu o relógio
a um garoto uniformizado,
                        mas armado de pau e prego,
como a prima, que entregou o colar na esquina.
A filha menor ainda não assaltaram. Assaltaram-lhe
a primeira babá na praça. Assaltaram-lhe
a segunda babá na praia
                   entre ameaças
ao prevenir à turista

para manter sua bolsa à vista.
E da janela onde outrora eu via o mar e a ilha,
mal vejo o meu futuro e os banhistas. Vejo dois homens
correndo escuros da praça para boca da favela,
jogando para o ar uma bolsa amarela.
– É o quinto assalto hoje nessa esquina,
dizem no bar, enquanto entre o capacete e o cassetete
passam tranqüilos
                os dois policiais peripatéticos do dia.

5

Minha porta já tem 100 trincos.
Depois de 6 revólveres, comprarei   5 bazucas,
                                    8 granadas,
                                    12 miras telescópicas,
embora nada me garanta que não me ponham a porta abaixo
com seus tanques.

Fora isto, não sei ainda o que fazer.
Mas não vou ficar aqui como um personagem de
                                          [Hemingway,
que cansado de fugir
                se deita velho como um cão
aguardando que me trucidem
                          a mim, minha família,
e mandem a foto autografada ao Presidente
como sinal da mais alta estima e elevada consideração.

MÁ CONSCIÊNCIA

A hora mais desamparada de minha vida
é quando
        vou pelos subúrbios de desesperanças povoado:
        as pessoas se abastardando,
        as casas se encolhendo,
        a vida se sujeitando.

Mas pouco vou. Antes
do terraço de minha casa

por 10 minutos burgueses
de humilhação vermelho
me enfureço olhando uma favela:
        cai uma criança na lama alguém
        fuçando no lixo cães solertes
        embriagadas canções e gritos dependurados
        panos furados de bala e bicho
        madeiras carcomidas lavadeiras
        – lavam o quê? senão o linho dos lucros?

        – Brueghel redivivo?
                        – Bosch carioca?
        Deus é brasileiro.

Onde estão os pintores desta terra?
                – geômetras do caos –
                entre Kandinsky e Klee
                              – vazios,
                entre Malevitch e Rauschenberg
                              – vadios
                emoldurando o nada a sangue-frio.

– Onde estamos os poetas desta terra?

                palradores multilíngües
                em Mallamargem verbal lavagem
                trapaceando a marginália local
                em sua multinacional vadiagem?
Olho pra favela
        – e o livro vanguardista ao lado.
Deus não terá por inocente o viciado
nem seu visceral pendor para jogar seus frios dados.

Ah, nosso festim de linguagens
que nada tem a ver, ou melhor, que tudo tem a ver
com a silenciosa miséria
                        – que fala sem dicionários.

Pesado foste, poeta formalista conformado,
e na balança achado em falta,
e ainda esta noite pedirão a tua alma.

Que numa noite dessas foi que Baltazar – o usurário
rei dos caldeus
teve seus muros derribados pelos medos e Dario,
por quem assassinados noite adentro

    – chamamos vingativo e sanguinário.

GARGANTAS E SAVANAS

Me atordoa e punge
o que coloca cada um de um lado:
      um com o pescoço
      outro com o alfanje
viscerais inimigos esquartejados
      – no açougue da própria fome.

Isto que há com os animais e insetos
que não pode o leão ver a gazela,
a aranha preta a cascavel,
o cupim a madeira
e a saúva a roseira.

    E faz com que o caçador
    aguce o ódio e o olfato
    e mate o selvagem pato,
    a paca, a onça, o tatu,
    e faça – jantar de cães
    com a carne do canguru.

As plantas, fora as carnívoras,
não se jogam na jugular inimiga,
(mas se torcem e se esmagam
em busca da água e sol).

    – Então, a vida é isto?
    – São selvas que elaboro
     e me devoram, quanto
     nelas eu pouso e moro?

    – É tudo saliva e orgasmo
     nas gargantas e savanas?

Considero minhas vísceras:
>> lá dentro, no escuro,
>> miríades de seres se batem
>> e morrem, em glóbulos de fúria,
>> num intestino sofrimento
>> agarrando-se nas fezes
>> que se escoam no tempo.

Tal a vida
> – tal o amor:
>> um devorar-se de corpos,
>> dois orgasmos ofegantes,
>> um entrechoque de feras
>> e um salivar repousante
>> a digerir a eternidade
>> na fome de cada instante.

A MORTE DA BALEIA

para Tristão de Athayde

1

Na Paraíba, Nordeste do país,
convidam-me a ver a morte da baleia.
Dizem: – pesca da baleia – como se dissessem: – jogar tênis
ou qualquer outro esporte
> em que o animal
>> participasse alegremente.

Dizem: – pesca da baleia – como se dissessem: – ir à missa
>> onde Cristo morreria impunemente.

Dizem: – pesca da baleia – como se dissessem: – carnaval
>> onde se brinca eternamente.

O espetáculo dura toda a noite
e quem o assiste não pensa em assassinato.

Pensa:
> vou como quem vai às compras
> – ou algo semelhante, vou visitar parente
> vou visitar parente

| 263

        – ou ver filme interessante.

Ninguém diz: – vou ao enterro da baleia
                – que em mim mato e morre a cada instante.

2

"Junho – diz-me este folheto – é tempo de pureza e paz."
Por isto
        "o dia começa no mar. Bem cedo
        lá pelas 4 horas
                desponta o Seiho Maru
        (todo de aço)
                nas verdes águas
                da costa paraibana.
        Avistada a presa o tiro é certeiro
        e a pequena reação da baleia
                – só apressa seu final".

Como se vê
        não é jogo floral nem ikebana
        e o samurai é quem morre
        nesta luta marcial.

Por isto é preciso desfolhar desse folheto
além do dito, o não-dito:
                – o que não diz nosso ódio
                e o nosso medo desdiz.

Deveria eu dizer, por exemplo,
que arpões explodem na montanha de carne num
                          [guarda-chuva de sangue?
e que são arpões modernos e eternos
                que não toleram o arranque,
              que não toleram a sanha,
              que quanto mais se puxa
              – mais o fero inferno entranha?

3

Nos romances como *Moby Dick* e *O Velho e o Mar*
ou na história bíblica de Jonas

o animal é algo nobre
    e a vida
      – um duelo par-a-par.

Entre o homem e a fera há
    um pacto de amor e ódio,
    um rito de água e sangue,
    e a vitória é de ambos.

Mas este folheto descreve
palanques no local e um festival
de lâminas e gestos
    que espertos funcionários da Copesbra
     executam em dança nordestina e oriental
    retalhando em dois minutos
     a descomunal carne da presa.

E o folheto ainda reza:
    "Da baleia tudo se aproveita:
     óleo
     charque
     farinha de osso
     fígado
     adubo
     carne-verde.
    As barbatanas
    e os dentes
convertem-se em adornos
vendidos aos turistas"
    – trazidos no Planetur.

4

Deveria eu introduzir um pouco mais de humor nessa tragédia e dizer?
   – no Nordeste do país
   convidam-me para um drama
   onde quem morre
      – é a principal atriz.

Deveria eu distribuir um pouco mais de aço no cangaço
e dizer?

> – nos mares do sertão
> onde o sangue é agreste e aguado
> a baleia é o Lampião
> que morre sempre sangrado.

Deveria eu suar com um pouco mais de gozo nesse ato e dizer?

> – nas costas da Paraíba
> convidam-me a ver o orgasmo
> visual de seus arpões,
> e o ensangüentado espasmo
> – dos cações.

Deveria derramar um pouco mais de óleo nesse mar e dizer?

> – em nossas duzentas milhas
> quando a broca pesqueira
> perfura a rocha-baleia
> ela volta do mergulho e expele
> seu íntimo e último petróleo
> que a engenharia terrestre
> de seu corpo faz jorrar.

Deveria eu tocar um pouco mais de dança no folclore e dizer?

> – nas festas da Paraíba
> assisto ao bumba-baleia
> onde o boi é um ser marinho
> que dança morto na areia.
> Mas sendo este cetáceo
> um pesado bailarino
> a quem negam engenho e arte,
> como um peixe-aderaldo
> ou um cego-cachalote
> ele se perde nas rimas
> enquanto perde seu mote.
> É um ator-espadarte
> que se esquece da deixa

      e ao reler a linha d'água
      no discurso do horizonte
      descobre o ponto da morte.

Por isto este palhaço
que no palco larga as partes

          é o cantor desafinado
             que perdeu seu desafio,
          é o poeta em cruz pregado
             com martelo agalopado,
          é o cavalo-marinho
             que sobre a terra é caçado,
          é a nau catarineta
             que nunca achou o caminho.

5

Descubro no folheto

      o folhetim da aventura
      um mapa que não decifro, a dura rota pirata
      dos que verminam nas grutas da baleia
      numa engordurada fúria, como se pilhassem
      a ossatura náufraga de um barco
      encalhado num rochedo
          a dessangrar riqueza espúria.

E descubro
      que quando cortam suas entranhas
      e as espalham no varal da areia
também se pode dizer:

          vou quarar as carnes dela
          como lavo meu lençol,

          e ensaboar minha alma
          com o anil comercial,

          vou limpar-me de suas tintas
          como o pintor o pincel

          e no quaradouro da tarde
          fazer nossa bienal.

Essas carnes no cordel, descoloridas
são festas de São João
                ou avesso carnaval?

Então por que aqui se ajuntam dúzias
de pescadores num diário ritual
onde ninguém se julga Judas
embora comam o pão e o vinho
                    – do salvador animal?

6

Como sendo eu mineiro
                – do sem-mar,
                – do montanhoso horizonte,
posso pintar baleias bíblicas
fora da barroca e eterna nave que Ataíde deu a Deus?

– Que direito tenho eu
        entre mutilados profetas,
        de falar do ouro torpe e inconfidente
        que lavramos nas baleias das conjurações,
        e do aço e ferro que extraímos
        do pêlo das montanhas
        – que morrem ensangüentadas no poente?

– Como dizer
        que em Minas não esquartejam baleias?
        nem salgam sua casa, casco e nome?
        que aqui se morre de morte natural
                        no frigominas
                        no frigonorte,
        que uma coisa é o zebu e outra o espadarte,
        que uma coisa é o gado gir outra o cachalote,
        que uma coisa é o animal de pesca
                        – outra o animal de corte?

– Que tenho eu a dizer
        se em Minas não fazemos carne-seca
                com sua aguada morte?
        nem grelhamos nossos lucros

no braseiro azul das horas?
nem estendemos seu couro
em nossa entapetada alma?
nem penteamos o ócio
com os cornos de sua sorte?

Deus me livre de comparar tais coisas
e cometer crimes poéticos
que Horácio condenou
– pois nos nordestes de Roma
e nos coliseus daqui
sempre cai em desgraça
quem pinta um javali nas ondas
ou um delfim nas matas.
Por isto apago do mar o boi
e a baleia apago ao pasto.

Inconfidente confesso
torturado na devassa
pesco a lição da história
na baleia-paraíba
e nas minas das gerais
– duas maneiras de estar
perdido num só país.

Me lembro de um certo outubro
(da Aliança Liberal)
dos idos tristes de março
(que para alguns foi abril)
em que o povo – esse anfíbio
como sempre foi pescado
pelo discurso na praça:
– façamos a revolução
antes que a baleia a faça.

7

Esta baleia-mulher lancetada
nos fios do bastidor
é a mulher nordestina

        entre-tecida na renda,
        entristecida na sede
        e possuída na rede
                  – do seu senhor.

        Maria Bonita dos mares,
        sinhá-moça de espartilho,
        mulata seviciada,
        freira limpa enclausurada,
        mulher-dama desonrada,
        doméstica empregada,
        operária empobrecida,
              virgem-máter dolorosa.

Esta é a baleia-mulher
        despencando
              dos motéis
aos disparos musculosos do pescador assassino
                    e seu sexo voraz.

Mais que a baleia-azul
        é a baleia-menina, a mink
        criança, baleia-em-flor
        na grade colegial

adolescente e ansiada
        desvirginada andorinha
        no azul-e-branco da tarde
            do colégio que há em nós.

        Esta baleia-mulher
        é a que retemos em casa
        (dividimos com amantes)
        sonhamos que é mãe perfeita
        prepara jantar e cama
        e nos serve o copo e o corpo
        em postas de carne amorfa.

8

Elas se ajuntam em manadas no marajó das águas?
Elas rezam em grupo como crentes com sua fé disparada?

Sobem ladeiras de ondas com seus ex-votos nos ossos?

    Baleias são como o povo.
    Esperam o líder-messias
    e o seguem proletárias
    num aquoso comício
    até se jogarem na areia
        das prisões
         e calabouços.

Baleias são como o povo.
Desprotegida alimária
sem saber qual o salário,
    qual a força de trabalho,
    desovando em praça alheia
    como se o mar fosse seu.

E no Nordeste, as baleias
    confundidas ignoram
      se o sertão já virou mar,
      se o mar virou sertão.

    Antes lembram o Conselheiro
    com seus homens de Canudos
    caçados pelos obuses
    de nossa fera república.

9

No Nordeste do país
assim como na favela ao lado
talvez haja "pureza e paz"
      como há polícia e grito
      se amanhece uma milícia
      entre pássaros aos bandos
      na "operação arco-íris"
      contra o pivete-baleia
      e o terrorista cardume
      preso em bancos de areia.

Ainda ontem em Ipanema

uma garota-baleia
vinda do *chopp* das ondas
encalhou
       à beira-mar.
                Foi morta
pelos banhistas
          e aquele que
                salva-vidas
                dela salvou-lhe o olho
                num colar para Iemanjá.

Por isto
      a morte marítima,
                terrestre
                          ou marginal
dessa baleia
      mais que metáfora
         ou pintura,
      mais que mostra multinacional de usura,
      a qualquer hora que ocorra,
além de um crime a se ostentar,
      é a nossa impotência na linha do horizonte,
      um modo colorido de trucidar a aurora

                          – e ensangüentar o mar.

SÓ, NA TABA

– Quem? a essa hora decide
      o meu destino artístico
      e político? – Quantos ternos
      comprarei ou se um chapéu
      de três bicos ou se devo gastar
      meu desejo num triciclo?
– Quem? – e onde?
      a esta hora controla
      se eu morro num comício
      à bala ou já prepara
      meu político suicídio?

– Quem? me dá cursinhos
>   de como morrer nos montes,
>   quem? dispõe de meu presente
>   e atira meu corpo ao céu
>   num festival de caça ao pombo?

Muitos dizem:

> – o futuro a Deus pertence.
> Agora Deus se assenta
> em mesas platinadas
> com telefones dourados
> por onde vazam conversas
> e pingam planos
> dos *drinks* que brilham sangue.

Outrora

> a tribo inimiga também
> me invadia a taba e a sala,
> mas eu sabia quem, por que e como,
> e heróico defendia a prole com tacapes
> e dentes
> > quando soasse a hora.
>
> Podia cair preso,
> mas sabia ler no escuro o rosto do inimigo
> e havia sempre a esperança de vitória.

ÍNDIOS MENINOS

para Roberto DaMatta

Passeio pelas ruas de Amsterdã,
mas não são os canais, como os de Veneza, que admiro,
não são os *hippies* fumando haxixe e maconha em ócio
   [pela praça,
não são as mulheres vivas dentro das vitrinas à espera
         [que alguém lhes compre o sexo.

Certo
   a casa de Rembrandt, o Museu de Van Gogh, o
               [prédio de Anne Frank

| 273

chamam por segundos minha atenção turista.

Mas não é isto o que eu procuro.
Saio naufragado do Museu da Cidade entre esquadras,
    [mapas, pratos da Companhia das Índias, lembrando
o que Nassau fez ou não fez no Recife e Maranhão.

Mas não é isto ainda o que busco
tomando bondes pelos subúrbios, perguntando
aflito e frustro.

O que me intriga
            é descobrir
que fim levaram os 11 índios meninos
(cada um de uma tribo) que Nassau embarcou consigo,
quando deixou vencido o Recife.

      – Teriam fenecido no mar
        de enjôo, escorbuto e pranto?
      – O que faziam no frio dos palácios
        com sua nudez ingênua?

      – Casaram, chegando à Holanda?
      – Foram bons pais de família?
      – Ou viraram homens de negócio
        e acionistas da Phillips, esquecendo-se
        das penas que passaram
        no Brasil Colônia?

      – Chegaram a ter descendentes? ou
        retornaram aos costumes, e agora, como
        hippies, habitam os fundos da velha Dome?

Os ricos e reis
        adoram dar bichos e gente
                        de presente.

Os pobres e índios
        resistem o quanto podem,
        se enredando e se rendendo,
        virando móvel e parente,
        ou somem nos palácios e navios

>   entre quentes coxas das princesas
>   e a espada fria dos senhores.

Não tenho mais que 6 horas de sobra
na pista desses seqüestros, e tenho que ir a Paris
procurar mais 10 meninos índios
>   levados de presente para o rei Henrique II.

E de antemão me pergunto:
>   o que ocorreu com meus índios
>   perdidos na *rive gauche?* Viraram bolsistas
>   de arte? se converteram a Marx? tinham
>   jeito de maoístas? ou terminaram o
>   mestrado de Semiologia com Barthes?

Ou quem sabe já chego tarde, e morreram na Indochina,
explodiram a embaixada em Argel, viraram chofer de táxi,
e cansados do vinho e queijo caseiros
alistaram-se de vez na Legião Estrangeira?

>   É muito índio e pouco tempo
>   o que disponho pela frente.
– Deveria me socorrer da Funai, Funabem, Unesco
>   e abrir creches de desespero?

>   Estou perdido na Europa. E nunca fui ao Xingu,
>   sequer pisei o Araguaia.
>   Quando chegarei às colônias jesuítas, que arrasamos
>   junto ao Paraguai?

Não posso abrir mais livros de histórias, nem
devo ler mais jornais. Finjo que não vejo os índios adultos
e maduros que caem das telas dos cinemas e entulham
>   [meus quintais.

Há índios no guarda-roupa, índios na minha cama,
>   [embaixo e em cima
da mesa. Já não posso mais ir à horta,
qualquer dia não poderei abrir a porta. Estarei submerso
>   [na sala
entre papéis, cabanas e tacapes.

Antropólogos futuros
não entenderão o achado. Anotarão:
esse era um poeta estranho.
Não se sabe a sua tribo.
Colecionava livros e infâncias,
vivia falando de índios
e morreu sufocado
sob uma pirâmide de ossos e poemas.

A ARTE DE SONHAR

Dizem os antigos:
              – é preciso sonhar
                para que o real se realize.
Então, desesperado, sonho industrial
nos fornos altos do dia, e à noite
sou o tecelão sozinho fiando um sonho novo.

Sonhar é ciência que requer estudo. Escolar
releio o mundo e sonho com a história e o povo.

– Há um inquilinato dos sonhos? Desconfio,
pois há quem se instale no sonho alheio,
e aí reside até que venha o despejo ou desmonte.

– Há uma engenharia dos sonhos? Suponho,
porque há quem levante os escombros
do sonho alheio e o habite.

– Sonhamos alto? Sonhamos pouco?
Exercitamos o inconsciente dos gregos
numa olimpíada de loucos?
– É o sonho um palco improvisado
com cenário e atores convidados?
– Ou um afresco descascado urgindo restauração
num convento de desejos recalcados?

– É o sonho um *trompe-l'oeil,* onde
quem está fora está dentro e quem está dentro
está por fora confuso e louco?

– Como proteger o sonho em caixa-forte
contra gazuas e assaltos, e como evitar que nas ruas
escape do tiro e morte?

Aprendamos com os antigos muçulmanos,
essa raça acostumada a cavalgar no pêlo das miragens
plantando oásis no seco céu da boca dos camelos:

   – quando o sol do dia se transforma em flor de fogo,
   se deitam em alucinados tapetes na aragem
   e vão abrindo seus desejos sob o feltro das tendas
   e sombreando o seu deserto de imagens.

Na hora do combate, como sonhavam os generais antigos!
Um deles sonhou tão forte, que num sonho fez o exército
atravessar o rio
              – e surpreender o inimigo adormecido.
Sabiam que uma guerra não se ganha só com lanças e gritos
– mas com sonhos ativos. Em tendas opostas
punham-se a sonhar, de monte a monte,
num tropel de imagens desesperadas
ate que a madrugada jorrasse seus clarins
nas cores da alvorada.

Os muçulmanos antigos sonhavam
e destituíam políticos. Sonhavam
e libertavam os amigos. Sonhavam
e pagavam dívidas. E houve uma cidade
que de tanto sonhar inteira,
inteira se libertou.

Então me indago do que sonhará meu povo,
         se sonha pouco o meu povo,
         se sonha,
                 o meu fraco povo.

Penso:
      vai ver que sonhamos certo
      e errada é a interpretação
      ou será que sonhamos sonhos
      que não têm realização?

Déspotas!
 Melhor não rir dos sonhos do poeta,
 que um deles, estando preso
 após compor uma epopéia sobre um exército de macacos,
 foi libertado por sua armada imaginária
 que convertendo o velho sonho num real novo
 invadiu o reino e a torre
 e o arrebatou
            para o convívio simples de seu povo.

O BURRO, O MENINO
E O ESTADO NOVO

> poema escrito para o livro *Lições de Casa*,
> em que diversos escritores se dispuseram a
> recriar sua imaginação infantil a partir de antigas
> gravuras apresentadas na escola primária.

                    para *Julieta e Osman Lins*

   1
– O que me diz esse quadro
                 que a professora
                            ostenta
                 inimiga/amiga
                       cultivando no menino
                       a sua escrita primária
                       e aflorando no adulto
                       sua fúria imaginária?

– O que quer de novo a mestra
               com o álbum de falsas fábulas
               frente ao velho adolescente
                                   contido
               nas calças de seu desejo
                         – menino tido
               como desatento
                   com as asas de seus olhos
               brincando no verde vento?

       – Quer refrear em mim
       a imaginação demente?

       – Quer me fazer exibir
       a ortografia nos dentes?

       – Ou quer me ensinar a mágica
       de tratar um tema exposto
                pelo avesso
       e desvelar na máscara do texto
       o duplo rosto?

– Será que ela não entende
que em tempos de ditadura
a imaginação se anula
e gera além da moldura
              na gravura
outra gravura
        como um louco que descerra
        na escuridão de seus gestos
        a interna luz da loucura?

   2

Examino a cena exposta:
        um burrinho e uma menina,
        quatro pintos e a galinha,
        a bananeira no mato,
        uma parte da casinha...

                        – Só isso?

– Como tirar poesia?
de coisa tão comezinha?

Este é um quadro
por demais
bem comportado,

parece povo marchando
em militar feriado,
é tão certo

>   quanto errado
>   é um verso de Bilac,
>
>   exato e perfunctório
>   como a prosa de cartório
>   de Coelho Neto
>   em seus sonetos,
>
>   tão inútil e formal
>   quanto análise gramatical,
>
>   caçando o sujeito oculto,
>   arrolando seus objetos,
>   prendendo seus complementos
>
>   e confundindo poema e frase
>   com inquérito policial.

Meço a mestra com impotente gesto. Pequeno
e burro menino desamparado. Pintinho
junto à galinha
                – que verde
legume alimenta a fome de carinho
de minha avidez menina?

Dessem-me um outro tema:
        e eu tiraria do anzol desse poema
        o peixe da redação. Socorreria a menina aflita
        fugindo aos bicos dos gansos. Brincaria
        com o cachorro que faz mágicas de gente. Iria
        com as raposas na caça das presas verdes. Embalaria
        o muro e o medo para jogar com a emoção.
                                                Não seria
        um sapateiro poeta remendão
        sapateando rimas com a mão.

A professora olha a turma
e lança, ao seu modo, a ajuda:

                    pensem na família das figuras,
                    no antes-depois da cena,

>   o que imaginam os heróis
>   e o que falam os animais.

Já penso em iludir a mestra e descrever tal bestiário
que não caberá nas lentes:

>   uma formiga na telha, uma abelha
>   na folha da bananeira, uma larva
>   na roseira junto à cerca do riacho
>   que deságua
>   onde eu me perco e me acho.

– A professora notará?

>   – E se eu disser que uma girafa
>   está comendo os nossos sonhos
>   e um gafanhoto perverso
>   censurou-me o verde e a sombra?

– A professora enxergará?

>   – E se eu disser
>   que o hipopótamo do medo
>   afogou-me em desespero
>   e um gorila insaciável
>   comeu-me a alma e a bandeira?
>
>   Abre-te Sésamo!
>   o burro aqui martela
>   com sua testa de ferro e paina
>   sobre a bigorna do texto.

– Que título dar ao trabalho?

>   "férias no campo"?
>   "visita à prima"?
>   "Rosinha, minha burrinha"?
>   (reluta a mente empacada
>   ante a cenoura servida).

3

Mas aquele burro no centro da gravura
me olha com tal ternura

                que eu
                    "aluno do Grupo Escolar Fernando Lobo
                    onde entra burro e sai bobo"

                    menino cabeçudo,
                    preguiçoso e sem estudo
                    que na sua confusão
                                        julga
                    que estátua eqüestre e equitação
                    têm a ver com natação,

eu, infante em pele de asno,
                        descubro
                        que aquele burro sou eu.
                            Aquele burro me tange
            mas não é a morte com alfanje
            correndo solta no pasto
                                – é a vida
            em pêlo
                    parada e santa
            no lago da minha infância
                                – é a vida
            que salta mansa da estampa
            rebrilha na superfície
                                – e me devolve ao espelho.
            E assim eu-duplo narciso,
            príncipe com pata e rabo,
            burro com capa e espada
            me perco no lago abismo
            e vejo crescer orelhas
                                – no meio do meu juízo.

– É lenda?
        – É espelho?
                    – É lente?
                            – ou gravura transparente
                            onde vejo representar
                            o desejo adolescente?

Atrás da gravura, eu sei,

                deitado nu, no presépio
                há um menino carente
                exposto à fúria do rei

                        – e eu quero fugir pro Egito
                    no colo de minha mãe.

Entrar nesse estábulo
        é agravar as agruras do passado no presente
        mexer no estrume que perdura
                        e ir tapando o nariz
        pois sob o azul-e-branco uniforme
        punge
        – adolescente –
                        o sexo em cicatriz.

4

Passo a mão a sobre a carteira
                            áspera
onde a gilete sangrou
o amor sobre a madeira
                    e lanhou
os corações trespassados.

Passo os olhos na parede,
                    na caliça,
                            na paisagem que desborda
                    da parede

    e, de repente:
                tudo é texto
                            é texto tudo
                    que extravasa da gravura
                    rompe a moldura da sala
        é texto tudo o que vejo
        é texto tudo o que piso
                e já não há mais fronteira
        entre a gravura e meu corpo
        entre o menino e a carteira
        entre o que é cena primária
        e o que é cena brasileira.

Tatuado, amarelo e verde
meu corpo virou bandeira.

Caxias, Barroso, Osório
– sou menino furioso
trotando murros no rosto
do vizinho paraguaio.

E no quintal
           pende um fruto
no ouro de mil sementes
como um desejo morto
nas cordas de Tiradentes.

E sou um grêmio de gestos
seleta pintada em sépia
crestomatia arcaica
embandeirado auditório
colorindo as faces
no rubor das horas.

Eu me lembro, eu me lembro, era pequeno
o mar bramia e o meu desejo entre as pernas da vizinha
já latia. Mas, por que tenho que ser o responsável
pelo certo e o torto? e além do "Cão Veludo" – magro,
asqueroso, revoltante e imundo
          – ser também "O Pequenino Morto"?
Não, não quero ficar aqui empacado ao pé da serra
perdendo o melhor da festa
      – sigo para a "Última Corrida de Touros em
                            [Salvaterra"
– Sou um índio guarani cantando óperas
                      – na fúria das ditaduras?
Não, não vou ficar aqui com a alma arrebanhada
quero "O Estouro da Boiada". Cansei
de ser aquele menino com o dedinho estúpido num dique
seco da Holanda
      – que me inundem os campos de tulipas
numa florida ciranda.

Quero saltar as janelas
e fechaduras da história,

quero crescer, ir lá fora
conhecer Mário de Andrade,

quebrar a grade dos anos
e soltar Graciliano,

compor com Murilo Mendes
a *Poesia Liberdade*.

5

É texto tudo o que vejo
é texto tudo o que piso
     e o que não sinto ou percebo
também é texto
   invisível
      derrama-se no papel
      a louca escrevinhação
escorre a escrita nas calhas da mão
como chuva-manga de verão
      é a enchente do Paraibuna
      me levando de roldão

e o retrato do ditador
com a tarja verde-amarela
despenca lá da parede
mergulha na redação.
Mas, como um peixe político,
caminha por sobre as águas
chega ao palanque seco
e do que era um naufrágio
revém um sufrágio louco
com banda, churrasco e palmas.

É tempo de guerra alhures
e aqui a paz da tutela:

   galinhas verdes desfilam
   seus ovos frente ao Catete

>   chocando uma páscoa torta
>
>   e as raposas vermelhas
>   armam ninhos nos quartéis
>   e geram na noite a morte.

É tempo de guerra alhures
e aqui a paz da polícia:

>   Felinto Müller é quem toma
>   a tabuada da classe
>   e deixa na história impressa
>   o sangue da palmatória.

É tempo de guerra alhures
e a paz no subsolo:

>   Monteiro Lobato é preso
>   e escreve sobre o escândalo
>   do ferro e do petróleo,
>
>   põe dinheiro do próprio bolso
>   no poço,
>   o governo vira o rosto
>   perora,
>   mas o petróleo não jorra.

– O que mais se aquartela
sob a cor dessa aquarela?
>   – brilha o luar de prata
>   sobre a pele da mulata
>   enquanto na verde mata
>
>   o povo seresteiro
>   brasileiro
>   no poleiro
>   verde-amarelo
>   é um caboclo sestroso
>
>   – em *estado novo*.
>
>   Lá vai o ditador
>   entrando para a Academia

        com todos os votos:
        quarenta vivos
              – e cinco mortos.

O ditador pinta o sete com os políticos
é futurista regionalista, é político apartidário
e fala de fome e povo
             – num painel de Portinari.

O ditador aprende com Niemeyer a arquitetar o poder,
mistura discurso e ferro, argamassa promessa e areia
e enreda o povo e a esperança como uma aranha na teia.

O ditador é pequeno, mas não é bobo,
é capaz de solo e coro
e sem que Villa-Lobos veja
             se oculta na partitura
             e surge na praça rindo
             regendo e encantando o povo.

Lá vai uma barquinha carregada de soldados
para Monte Castelo. Meu primo nela.
Lá vem uma barquinha com heróis de figurinha:
             General Clark 37
             Pára-quedista 88.
    Algumas eu tenho duplas
    no elástico da carteirinha.

Troco o "soldado australiano" pelo "arco do triunfo",
os "escombros de Rotterdam" pelas "cinzas de Stalingrado".

        Que era assim que eu guerreava:
        no bafim ali na esquina,
        no papagaio e porrinha,
        no pião e amarelinha,
        num *cowboy* de cabra-cega.

Meu pai lê nos jornais as figurinhas nacionais:

        Getúlio, Prestes e Plínio
        – nas páginas frontais
        Jeca Tatu e Lampião

– lá no fundo do sertão
e o mais são Dutra e baianas,
Carmem Miranda e Juarez,
bananas e Góis Monteiro
e outros legumes menores
conforme queira o freguês.

– Isto é quitanda? – Isto dá samba?
Olho de banda
           a esquadrinhada história e me entristeço:
– cada um tem na infância as figurinhas que merece.

– Quem for homem
cospe aqui primeiro
              – e começou a cuspir
                                no chão
              todo o povo brasileiro.

– Se você for homem
me espere lá fora
              – e assim íamos adiando
              a coragem para o futuro,
              a honra para outra hora,
              deixando para outro tempo
              o nosso acerto com a história.

O mundo lá fora em guerra
              e lá vem a turma do Santo Cristo
atrapalhar nosso jogo
              são maiores e mais fortes,
              são os alemães em Dunquerque
              e afundam barcos na costa,
              e arrasam Varsóvia e Londres.
E a gente correndo pra casa, no gueto do quarto
                           – ou quintal
chamando os irmãos maiores
                      – os americanos do norte
recuperando a paz e a bola
                      – mas sempre perdendo o jogo.

Um dia serei soldado,
                    mas soldado
de segunda classe, reles burocrata, nº 32
– café pra oficiais e poemas
em provincianos jornais. Não irei a Suez
ou ao estreito de Gaza.

                    Acabou de morrer o ditador
                    Ninguém pensaria
                    que o ditador, hábil artista,
                    um dia suicidaria
                    deixando exangue o povo
                    só com sangue na marmita.

Estarei de prontidão, em guarda,
atrás da estação

                    na espreita das novembradas
                    olhando os vagões do tempo
                    e as máquinas paradas.

Na falta do que fazer
no escuro com a alma acesa,
com a ponta da baioneta
risco versos na parede
ou desmonto
            o rifle e a ilusão.
Outro soldado me vem render.
Não tenho nada pra dar
senão as peças da arma
                    – embaralhadas na mão.

6

Olho aflito o que escrevi.

        – É isso uma redação?
        ou escrita vadiação?
        – Estou reinventando a história?
        Cavando uma cova viva? Ou
        no presente escrevendo o passado
        de trás pra frente?

Isto já me lembra antiga prosa:

> – O Velho, o Menino e o Burro
> no caminho do absurdo
>
> o menino
> o burro
> o velho
> o povo
> o poeta
> o texto

– Quem é que carrega quem?

> – O menino carrega o velho? O poeta
> esporeia o texto? Mas quem
> é o burro da história? Quem
> sobrecarrega o povo?

– Aquele burro sou eu?

> ou é o povo?
> > burro velho burro novo
> > comendo a verdade crua das ruas
> > sob os arreios da usura
> > e descomendo nos morros
> > o ouro que escorre nos vagões
> > para outros portos e bolsos.
>
> Burro bravo e burro sábio,
> aquele é o povo
> > com quem aprendo provérbios
> > de forma invertida e rude:
>
> – quero antes um asno que me leve
> que governo que me derrube.

Aquele burro não é um alazão, pingo dos pampas
mais parece um asno escravo
> negrinho do pastoreio
> já formigando na cova.

> – Sou fraco?

Sou forte?
Sou filho
do Norte?

Ou um jegue nordestino
que desce a serra da morte
de cuja carne exportada
os samurais fazem corte
e servem como petisco
nos restaurantes em Tóquio?

Bom seria que aquele burro fosse
                           a besta de Balaão
murmurando para o profeta
                           – como guiar seu povo.

Ao contrário, ali estou, ali estamos
como a asna de Buridan
entre dois montes de feno:
                           – o imaginário do texto
                           e a fome real no espelho.

7

Passam-se as horas.

             Terminou a redação? a ditadura? a escola?
             Minha alma infantil quer recreio
             pernas livres, grito ao sol, desalinhados cabelos
             pão com manteiga, queijo e democracia ao meio.

Sobre a carteira

             a escrita torta me espreita
             há quarenta anos
                         – e lá fora
             a vida se agita aflita
             e brilha no corpo
             que inscreve a alegria
                         – a céu aberto.

Há muito deveriam ter batido essa sineta.

Olho meus companheiros.

> A mesma ânsia menina:
>
>> Julieta e Osman,
>> Ricardo e Gullar,
>> Lygia e Callado,
>> Veiga
>>> – e Marina

todos exaustos de estar na mesma cela da sala,
>> na ditadura da escola.

Sobre a carteira

> um texto infantil sai do punho cerrado do menino
> faz-se rascunho de uma escrita futura
> sem que o adulto o possa jamais passar a limpo.

Terminará meu tempo
> mas esta composição, estou certo,
> não terminará nunca.

O POETA E A FAMÍLIA

O que houve com a família
>> dos poetas do país?
Leio seus versos:
>> não há lar,
>>> mulher
>> e filhos.

Há noivas. Amantes, muitas.
Não vejo a cama e a cozinha,
> a mesa,
>> o quintal,
>>> cristaleira.

A mãe, que é santa
>> – está morta.
O pai, também morto
>> – era um forte.

– O que é a casa do poeta?
Um lugar onde se exila
                do mundo
                e da família?
Ou um espaço
          – em que só há livros e penas?

– O que é o quarto do poeta?
Uma cama onde há uma sombra
que com ele
            coabita?

– O que é a mulher do poeta?
Uma vizinha defronte?
ou assexuado parente?

– É a casa do poeta
                – um tema só metafísico?
                  refúgio de duro asceta?

– E aquela a que chamam esposa
                – é uma cômoda barroca,
            velho álbum de família,
            moeda inútil e antiga?

São os filhos
            passarinhos
                      engaiolados no nome?
Ou pires de porcelana
              – em que se derrama a fama?
– É a mulher
        – a herdeira?
            – a depois do mel, a operária abelha?
            – a viúva escrivaninha?
            – a prisioneira rainha?
            ou
            a última a saber
                    do que escreve
                        e
                        vive
                – seu escriba?

– O poeta é o ser-só?
             o des-família?
             o homem-ilha?

– Não há poeta burguês
que chegue com o pão na mão?
que leve filho ao colégio?
e pague em dez prestações?

– Poeta vai à feira?
  conserta porta e torneira?
  ou é tudo vate escolhido, mito e bem de família
  que exige amor, devoção?

Não adianta enganar dizendo: pertenço
à família dos metafísicos ingleses,
dos zíngaros húngaros
                      e dos uclavolapongas.
– Há mais poesia no povo
  que no comício dos filhos?
– Há mais poesia nos bares
  que nos farelos da mesa?
– Suas amadas têm sobrenome?
  ou são Glauras, Marílias, Sombras?
– São disfarces de Narciso
  na própria imagem consumida?
  ou corpos que se empilham
  no sótão da oculta escrita?
– Em quantas casas-mulheres
  reside o poeta ubíquo?
– Por que sua casa
                é alvo em que pousa breve
                e algo em que dúbio habita?

– Por que tendo a chave de dentro
  prefere viver de fora?
  e exila toda a família
  no mundo em que nunca mora?

UM GAMBÁ NA ESTRADA

Um dia minha mulher e eu
                        à noitinha
vimos um gambá
             digno
passar por entre árvores na estrada.

Ele não ia como antigamente se ia, naturalmente
ou seja: como o rio ia ao mar,
        como a flor ia ao fruto
            e como a folha no vento. Ele ia animal
e mais modernamente.
                        Ele ia
como um jaguar entre seus livros,
como o leão bebendo uísque,
como a corça veste-se na moda
e a águia desce no aeroporto.

Não pedia licença pra viver. Mas
bastou que nos mostrássemos
                            e se escafedeu
como o carneiro que esqueceu o chapéu
    a anta que errou de porta,
    o delfim que perdeu o emprego,
    a zebra após a missa,
    o elefante endividado,
    a foca mal-vestida,
    o castor que conta juros,
    a raposa atropelada,
    o camelo na polícia.

Esse gambá
           que me pressentiu
como o inimigo eu não pressinto,
entrou na vida de minha filha
                         de tal modo
que tê-lo visto junto às árvores da horta
passou a ser pra essa menina

> como se Júlio César chegasse à Gália,
> Spartacus vencesse Roma,
> voássemos em Paris num aeroplano
> e atravessássemos os Alpes de elefante.

Agora ela já entende a álgebra dos homens.
Sabe que somando 2 com 2 faremos flores
e que mais vale dois pássaros voando
                                      que viver de plumas.
Difícil é deduzir o que o gambá disse à sua filha
ou a explicação que deu à sua família. Certo
num poema ele gravou:

> não passo mais naquela estrada censurada,
> há sombras me espreitando na calçada,
> a noite traz-me angústia em cada árvore,
> há muito estão seguindo-me as passadas,
> este sítio já é uma área devassada.

Não sei o que dirá a filha
                ao filho do gambá
quando o encontrar na encruzilhada.

O fato é que desde que se deu a história
passou a desenhar seus animais com asas,
e ela que sempre me tomou por mágico
já não faz mais diferença entre um gambá e um arcanjo.

GYMNASIUM

Enquanto não aprendia Matemática
outros
       operavam juros em minha carne operária
colhendo notas e cifras na classe
de minha ignorância primária.

Enquanto mal-decorava planícies, pontos altos, capitais,
outros
       instalavam chaminés no meu nariz, desviando rios
e dinheiro, desabando montes de lixo
e me deixando a poluída cicatriz.

Enquanto o professor de Ciências Naturais abria o corpo
[humano
com suas artérias e sonhos,
minha tireóide azul e branca pulsava entre as coxas da colega
e eu retinha o sangue venal do meu desejo
vertendo mudo a amarela bílis do medo
                            paralisado
porque num canto da sala me olhava duro
                            – um esqueleto.

Enquanto nas aulas de Canto Orfeônico desentoava
hinos marciais e Paris, Polônia e Holanda caíam em chamas
sob a pauta e pata da SS alemã
               meus próprios generais exercitavam clarins
sobre meus tímpanos, fincando mil bandeiras nos meus olhos
e desolando metade de minha vida em mim.

Enquanto esbatia diedros nos cadernos de espiral
treinando mãos e dedos com cola e tédio nos Trabalhos
                                            [Manuais
outros
       ágeis, hábeis
                        armavam pirâmides de lucros
passavam uma borracha em meu passado-futuro
deixando-me trabalhador boçal-braçal
suando nos canaviais com a elástica fome
que se expande pelos seringais.

Enquanto o professor de Química e Física derramava cadinhos
e provetas, acionava esferas e discos a demonstrar
                         que ciência é coisa séria,
outros
       faziam sua alquimia com o aguado sangue do povo
transformando osso em ouro, como se cobaias
devessem perecer
                        para comprovar as leis de Newton
e a relatividade do sonho e da matéria.

Enquanto eu perdia o meu Latim
e o demônio declinava no meu corpo seus pecados

eu
   romano, desterrado com meu falar ibérico e vulgar
via Catilina a conspirar, Cícero a verberar
e no senado a traição a prosperar, enquanto minha triste Gália
era partida em partes três:
                      – de Júlio César todas três.

2

Quiseram-me professor de História.
Cheguei a sê-lo de Geografia
                           e de outras cartas
com pífios tesouros e ilhas.

      O boletim chegando, e eu
      num mar morto e vermelho
      envergonhado envergonhando.

Os irmãos, sempre melhores.
Os colegas – os primeiros, para a Escola Militar.
Eu já carpindo o inútil pendor das Letras,
perdendo-me em Números e Levíticos, mas achando-me
em Salmos e Cânticos e enrodilhado na Gênesis do verbo
como um escolar crucificado.

– Estude línguas, rapaz!

Francês, mal-aprendi. Explodiam
escolas e hospitais em Argel. Caíam
em frangalhos em minha cabeça
personagens de Molière e Jarry.

– Veja o Inglês – língua moderna. E eu lá ia
entre coreanos e vietnamitas arrozais
segregando vermelho e preto
e outros filmes coloridos nas vesperais.

Enquanto ciciava o Espanhol
com o professor da Terra do Fogo, "la guardia civil
                                [caminera"
me levava com Federico "codo con codo",
e espremia o pescoço dos bascos no mesmo garrote vil.

Iniciava o Italiano. Os terroristas
ainda não formigavam nas ruínas dos partidos,
Roma exibia as volumosas tetas das atrizes
e eu já sonhava com a mulher que tornaria minha vida uma
                                                     [uma cidade
aberta, infensa a novas guerras de conquistas.

Hoje abro o livro de Alemão. Seqüestradores
do industrial e do barão garganteiam nos jornais
uma nova canção de Lorelai.

3

Tudo isto acontecendo

        e eu enfrentando a sintaxe policial armada
        ao sol da ditadura semântica implantada,
        trocando de uniforme numa morfologia antiquada
        gritando anseios de uma fonética silenciada.

Aluno pouco aplicado,
professor às avessas ao repassar o <u>imerso</u>
imagino a perdida infância da História.

Certo não saberei nunca a língua dos caldeus e dos sumérios.
Mas nem assim me livro de minhas alheias misérias
pra sempre escritas na carteira.

Certo não aprenderei o Sânscrito
                        – língua de suicidas mansos.

Feliz era meu pai, fugiu da escola
– mas sabia o Esperanto. Essa língua
sem história, sangue e medo

que não é coisa desse mundo
– mas língua de querubim.

INICIAÇÃO MUSICAL

para Melinha

Aquele espanto
que eu, moreno brasileiro,
conheça não apenas os Concertos de Brandenburgo,
mas na adolescência, além de Mozart
cantasse Josquin du Près, De Lassus, Jannechin,
                [Scarlatti e os renascentistas ingleses.

Só agora entendo por que
tanta música nas bíblias de minha infância:
– é que o demônio é ambíguo
e pode estar no corrosivo silêncio
e no insidioso ruído.

2

Todas as manhãs
toco um concerto de flauta e clarineta
                        para minhas plantas.

Elas já sabem, e esperam
                – o seu café da manhã.

Minha mulher, melhor que eu,
com a alma aberta na varanda
sabe conversá-las, sabe tangê-las,
trocar-lhes as fraldas e o alpiste
com seus olhos em ciranda.

Não é de hoje
que a música cura e ensandece os reis.
Então, não foi assim que Ulisses se curou
dos dentes do javali? Não era assim
que apaziguavam a fúria de Saul
a harpa e o canto do pastor David?

        Tal a consabida
        estética medicinal
        ou homeopatia musical
        romântica:

       violinos para hipocondríacos,
       contrabaixo para os nervos,
       a histeria é com a harpa,
       a flauta refaz pulmões,
       trombone contra a surdez,
       órgão para irascíveis,
       a trompa aos perseguidos,
       e como tônico geral
       meu instrumento de fé
                         – o oboé.

   3

– Ocorreria sangue nos becos
se à noite aí tocassem Mozart
e o fagote dos barrocos?

– Já se usou um adágio de Corelli
para estancar no ar
o punho torturador?

– Quem jamais matou alguém
numa sala de concertos,
embora a ópera tenha
assassinos no libreto?

Soassem o oboé e orquestra de Marcello
na mesa do conselho e as tensões
se esvairiam e perdões se abraçariam,
e até flores, do acrílico ambiente, brotariam
soando a escala dos serenos violinos.

Ah, pureza alucinante do cego Rodrigo
– gentil-homem – dedilhando a escuridão
enquanto o Concerto de Aranjuez
me esfacela o coração.

A música expulsa da alma o câncer,

                    apazigua o mal patrão,
                    melhora o operário,
                    faz crescer as colheitas

                              e apascenta a criação.

Os que vão se amar um dia, já estão ouvindo acordes
a mesma ária de Bach.

Os que geram filhos, nomes, obras,
crescem com este adágio de Albinoni.

E até mesmo um povo escravo se livraria
se a Nona de Beethoven
                         lhes soasse todo dia
a ensinar que é em coro
que se constrói a alegria.

JARDIM DA INFÂNCIA

Qualquer vegetal, pássaro, inseto
ou tremor de vento e onda
me tocam mais
que o mais acrílico artefato
e platinado aço da sala.

> Há dois minutos um bem-te-vi pousou
> nas grades do terraço, beliscou algo amarelo
> e livre se foi marrom para o telhado.

Ah, minhas mesas, móveis, cama.
Eu não amaria sequer esses livros
se não soubesse da matéria orgânica
                    condensada em suas páginas.

> Periquitos se coçam e piam na gaiola
> fazendo amor sobre os poleiros
> entre olhagens que me folham.

Estou comprando esses fascículos com tudo sobre plantas.
Tanto mais eu vivo
     mais quero saber de ardísias e bocárnias,
             peperônias e gloxínias.

> Não sei como puderam nascer sem mim, em outras terras,
> as *edelweiss, blue bonnets,* tulipas e cerejeiras.

Como pude respirar todo esse tempo
    sem a diferença entre hibiscos e gardênias,
    confundindo tumbérgias com hipocampos,
    dama-da-noite com dama das camélias,
    eu,
    desmemoriado cavaleiro da rosa,
    sem brincos de princesa,
    trombetas e espadas de São Jorge,

    mal sabendo que era na casa de Tia Antonieta
    que nasciam as violetas africanas.

Floresce o jardim de minha casa,
reverdece-me o corpo e a cama.

    Primeiro a mão de minha mãe
    e agora o amor dessa mulher
    fazem brotar em mim os muitos-eus de outrora.

Lá longe
        aquele menino carregando a fé e as flores
de dona Madalena para a igreja.
                        Horas a fio
coroado de abelhas
            ele as via sorver da flor o próprio céu,
enquanto ansiava pelas coxas quentes da vizinha
onde se ocultava
            já despetalada
                    – a flor da vida
e o espesso gosto de um futuro mel.

EROS E TANATOS

Eu desejei a morta.

Maligno menino
eu desejei seu corpo
vestido em sedas roxas
entre coxas e flores.

Eu desejei a morta.

Não a morte. A morta
com seus dois filhos e pernas.
E desejei
         a virgem colegial
morta com sua pele doirada
e ágil
     – no voleibol.

– O que me leva, homem
maduro, com controle
(quase) absoluto
do sexo, confessar
no escuro ou me lembrar
da viva adolescência
morta nos seus muros?

– Desejaria eu a morta
como hoje desejo a vida?
– Ou estaria aprendendo
a amar a vida pelo aveso
e a morrer desde o começo?

Ali
   o corpo da morta.
                     Aqui
o aceso desejo. A família
fenecendo
           e eu abrindo
caixões,
         desenterrando
a minha infância do berço.

MULHER

1

Estão matando nossas filhas e mulheres
e acompanhamos pasmos o enterro das vizinhas.

Sem contar as que abortam nos subúrbios
e se enterram em ensangüentados panos menstruais,

e as que expulsamos dos porões de nossa honra,
e vão apodrecer varizes no pantanoso orgasmo dos mangues.

> E a gente fazendo juras,
> desembainhando vagidos,
> disseminando na grei:
> "no céu! no céu!
> com minha mãe estarei"
> enquanto a ladainha dos fatos
> congrega nos adros e prados
> a reza dos garanhões:
>
> – na esquina te esperarei
>   e no mato te estuprarei,
>
> – no carro te levarei
>   e aos tapas te abrirei,
>
> – te aguardarei após os coitos
>   e o dinheiro tomarei,
>
> – te compro *nylons* e sedas
>   e com amor te enforcarei.

2

Estamos matando nossas filhas, mães e irmãs
como sempre derrubamos negras nos celeiros
                        e índias na floresta.
   Em Nova Iorque estupramos 45 por hora
   num sufoco de abatidas gazelas. Nos subúrbios
   de São Paulo e nas favelas do Rio
                        já não há contas,
   mas se pode ouvir no amanhecer
   a enorme grita das reses
                        pelo alarido dos jornais.

Nossos crimes
      nem sempre são conventuais:
      são seculares, e pendem das mãos dos Césares
      como a vida dos soldados depende dos generais.

E assassinamos de um modo doce e caseiro:

> te darei casa e comida,
> de filhos te encherei
> e viagens quantas queiras
> na casa em que te ancorei.
> Te darei pensão e roupas
> e um cinto de castidade
> com que te possuirei.

Modernos,
        nem sempre as abatemos com bordunas.
Com delicadeza cruel as atraímos a rede e grade
de um fero amor e zoológico sustento.

Ali –
    a ursa enfurnada em seus muros, a pantera
    no apartamento enjaulada, a loba
    com suas peles e telas, a girafa e a zebra
    numa festa de brincos ricos
    correndo paralelas ou paradas nas savanas
    (e poltronas) vestidas em listas condenadas.

Ali –
    estão expostas funcionárias
    ante o ócio de nossos olhos
    preenchendo a paisagem como espécie rara.
    Delicados, condescendentes, as inscrevemos
    em vários cursos, deixando os intercursos avulsos
    para nós – os machos
                – e as putas.

Algumas assim aprendem línguas
                sexônicas e ladinas,
outras têm suas línguas amortecidas
                nas cadeiras dos dentistas,
a outras damos cursos de piano
                empoeirado
                no descante das visitas,

    cursos de *batik* e artes
    para as rendas das tardes

nas butiques,
cursos de *ballet* e dança
posando estátua antiga,
burra e mansa,
cursos de etiqueta
que detêm o arroto, ensinam o queijo e o vinho
mas não esfriam a buceta.

3

– Pode a mulher ser soldado
        Joana D'Arc, Maria
        Quitéria e Anita Garibaldi?

– ou deve ser domada prisioneira, o avesso
do sol, a lua de carne branca, nua e crua
de que falam os maus poetas nas canções banais?

– É a mulher aquela estátua, cisne e estrela?
        noiva, ninfa, rosa e abelha?

Ah, nossa literatura
        cheia de iracemas e isauras,
        paraguaçus e moemas,
        beatrizes, julietas,
        estátuas e noivas mortas,
        princesas em guerra atroz
        contra a cruel enxaqueca.

Como dizia o poeta:
        – "a garupa da vaca era palustre e bela" –
e houve um homem
que tinha três fazendas,
400 escravos,
mesa de cem talheres,
sem contar
– as vacas e mulheres.

– Por que negar
        que as mulheres têm vagina
        (a não ser nos consultórios)

    e que ao amar têm babas,
    pêlos,
    orgasmos grandes
    e pequenos lábios,
    mais que vulvas e uivos
    e gozo de santa e puta?

Por que dizer
   (com o pudor de antologias)
   que a mulher só tem colinas,
       marés,
       dunas,
       taças
         e grutas?

   e ignorar que afloram a fauna
   de pernas e idéias,
   queixas e coxas,
   pentelhos e medos,
   emoção, mais que
   esmaltes e espelhos?

4

Nos tempos de meu avô
havia assunto de homem
e cochicho de mulher.

E como homem não chorava
mulher também não gozava.

E como homem não broxava
a mulher não reclamava.

Homem sério não falia,
mulher séria não trepava.

Engolia a raiva à mesa
e a vomitava na igreja.

Nunca saía sozinha,
seu lugar era a cozinha.

E quando nua na cama
tinha inveja da mucama.

O homem trazia a sede
e a mulher servia o pote.

Ou então:
     – a mulher trazia o dote
       e o homem lhe dava o bote.

5

Lá está ela: como nos tempos do avô
    numa tríade exemplar:
        a mãe preta no eito,
        a mulata no leito,
        a mãe branca no lar.

Lá está ela:
    tão pura, tão luz,
    tão cheia de roupas e anseios nus,
    como uma cordeira tirando lá do sexo
        – para dar pontos de cruz.

Lá está ela:
    nos engenhos do silêncio
    como açúcar do senhor, tecendo filhos e rezas,
    pastando orgasmo sem sal, passando de pai
    a marido
        – como mobília real.

Lá está ela:
    com seus patins nos teares
    fiando um menor salário, engravidando
    às ocultas e ocultando que ama.

    – Lá está ela: rodando as bobinas
    dos seios, as navetes da perna
    com seu amor operário
        – na mais-valia da cama.

METÁFORAS DO DESAMOR

Desamor é como a morte.
Quem possui um corpo
                    espúrio,
um corpo acontecido
                    inda que belo e alado,
quem possui um corpo exposto
sem estar ali latente e atado,

        não se deita apenas lado a lado
        com o silêncio de uma ave na gaiola.

        Está cumprindo um ritual
                            sem fé sagrada,
        fazendo um móvel
                com ferramenta empenada.
        Pensa estar numa olimpíada,
        mas é um atleta frustrado,
        que se interna no hospital da cama
        com uma falha medicina.

        E é difícil
        saber quem o doutor,
        quem o internado,
        a quem um tal amor socorre
        e quem de solidão se corta e morre.

Um corpo assim tocado,
num acostamento deitado,

        é o carro de aluguel
        que é fiel ao chamado,
        ou é carro de corrida
        atento ao prêmio ofertado.

E injetar aí o orgasmo é como
                      lavar o carro
                          não na rua
                          ou na garagem
                          – em frente à casa,

é lavá-lo com água escassa num terreno baldio
ou numa oficina ao lado.

Quem possui um corpo assim estacionado
    está lavando um cadáver amigo,
      vestindo um defunto dado,
      mexendo seu corpo tenso
        num avesso carnaval,
    onde o desamor
      (que é morte)
    nos amarrota o lençol
      caiando de tristeza
      a cama num funeral.

Quando se tem um corpo sobre a cama
avesso do corpo amado
    o corpo, mais que prisioneiro
        – é exilado.

Está olhando suas fronteiras,
falando língua trocada,
está recolhendo bandeiras
e segredos desfraldados.

    É um soldado na guarita
    com gesto uniformizado
    conferindo documentos
    a evitar que o transgressor
      – se instale do nosso lado.

Não é como banhar cão doméstico,
    enrolar toalha em filho,
    dormir em lençol quarado,

    nem é cavalgar um potro
    em nosso haras criado,

    nem é atapetar a sala
    e pôr cortinas no quarto,

nem encapotar-se no inverno,
forrar os pés, a mão e alma

nem ser recolhido ao abrigo
em dia de tempestade.

Impor-se a um corpo entrefechado
é estar exposto à chuva,
inda que bela, de verão e desvairada,
é ficar encostado à marquise
para impedir que se molhe
o pé, o pão da família
e a roupa nova do baile.

Desamor
    é como a morte. E o corpo
                              – ali estirado,
    mais que um quadro na parede
    ou troféu fotografado

    é a jóia de brilho falso
    à toa num cofre forte,

    – é um latifúndio ocioso
em que não há gado leiteiro

    – mas só animal de corte.

ELABORANDO AS PERDAS

Em Dublin
colhi pedrinhas no chão da torre onde Joyce escrevivia e
                                      [contemplava o mar
enquanto Décio Pignatari, roaz,
                  no cemitério em Samoreau
arranca um pedaço de ferro do jazigo onde Mallarmé jaz e o
                                        [expõe no altar.

A que chegamos nós escritores-roedores
ocultos em estantes e caixões distantes a soletrar.

Jamais fui à tumba de Alphonsus conquanto místico e o mineiro.

Jamais pousei na visitada lousa de Casimiro
ou debati em que sepulcro deveria Augusto dos Anjos
 [com seus vermes poetar.

Mas quando adolescente, ia cortando
mechas dos cabelos das amadas
 docemente
e os ajuntando num saquinho
que ficava a contemplar.

– Fetichista! grito-me crítico de mim mesmo o mais voraz,
enquanto me reencontro em personagens de Alencar.
Tenho conservado este corpo quase intato em meio a
 [balas e orgasmos.
Faltam-me apenas um menisco

 e incontáveis cabelos.

Deixei roupas curtas mulheres gordas
magras ilusões de bem-estar.
Tomavam-me a bola
 e eu invadindo a cerca e o pomar
a me perder e alimentar.

– Elabore as perdas, poeta,
segreda-me Roxana, a analista, com a espada em meu nariz
enquanto fecho cada letra ou cicatriz.

Ontem fui ao cemitério. Levei uma aluna morta
que não pedia, que não devia, nem merecia morrer.
No crepúsculo, lado a lado com o marido
caminhamos seu caixão para eternidade.

Marina – era o seu nome. O acaso, um lance de dados,
um tiro ao azar e lá se me foi mais – uma aluna a me ensinar.
Marina – amor e morte
nome ligado à minha sorte

 praia, torre alta, já em mim na Irlanda à beira-mar,
 Ulisses do não-mar de Minas que em Ipanema vim trovar.

Elaborar as perdas,
dissipar os ganhos.

| 313

Arrancar pedras e ferros
dos nossos mortos de antanho.

Muitas vezes fui ao cemitério. E uma vez sozinho
deitei-me sobre um túmulo e me espelhei no céu.
Era domingo, e os que me viram levantar, há 20 anos,
não puderam ainda se explicar.

Livros e mortos. Ritual de letras e ossos
em pirâmides de papel, resmas e lesmas a se enterrar.

Bem que eu poderia fazer um verso marmóreo, eterno, lapidar
         – aquele vero verso
ou atar a mó ao meu pescoço e me afogar
como um Conde Monte Cristo ou Sísifo ao contrário no mar.

É literatura prefácio ou epitáfio?
lápis sobre a lápide?
ou o exposto corpo que escreviveu?

E eu elaborando minhas perdas e danos,
obrando minhas fezes e letras neste jogo de damas, medieval,
enganando a morte com o mote, carregando a sede e o pote,
os dados ao acaso, confinado em torres de ametista metodista,
      num jazigo de pedras e escribas,
        ferros e fariseus,
que a literatura talvez não seja mais que uma finada flor
        – morte secreta,
cacos de vida
retirados de uma cova entreaberta.

AMOR: VERSO, REVERSO, CONVERSO

1 (Verso)

Com exceção de uma
Deus
tem posto mulheres maravilhosas no meu caminho.

Como não tê-las amado

a cada uma conforme a beleza que afloravam
e a carência que eu trazia?
Nas horas mais estranhas me surgiam
com pernas e bocas, unhas e espanto
e tomando-me pelo sexo crivavam-me de mitos
como se eu, fauno das praias e unicórnio das ruas,
pudesse dormir num colo virgem eternamente.

Delicadamente
e em desespero celebravam com meu sexo em suas bocas quentes
a ceia inaugural de nosso sangue,
enquanto as línguas em pentecostes com os dentes
sugavam da glande das nuvens copioso mel.
Cercavam-me de mãos e seios, ancas e aflições
alisando-me a alma e o pêlo
enquanto na fúria da posse, possuído
eu as invadia por todas as entradas
num bloqueio de rosas e alaridos.

    Salta a primavera à luz dos tatos
    enquanto os corpos se desfazem respirando eternidade.

Com exceção de uma
Deus
tem posto mulheres maravilhosas no meu caminho.
Não fui pusilânime o bastante
para evitá-las, antes tomei-as de seus lares
por horas, meses e camas
colhendo sêmen e jorrando oásis
e entre gestos e dramas
as fui consumindo num mesmo e insano orgasmo.

2 (Reverso)

Trazei-me guirlandas e donaires
vestais de meus terreiros,
                Iansãs,
                Orixás,
                Mães de Santo,
                Iemanjás,

enquanto feliz me suplicio em cilícios
de um passado gozo sobre o meu corpo no chão.

Não,
eu não amei as antigas amadas
como deveria, como poderia, como pretendia.

Em vez de um bárbaro africano
era apenas um tropical e descaído Prometeu
atento apenas à mesquinha luz do orgasmo.

Fui perverso, desatento, fechado demais em meus espelhos.
A rigor,
        conheci também a solidão, o desprazer solitário,
        a indiferença, o riso, a neurose que fere,
        as portas da madrugada, os bares fétidos, escusas
        festas e conspurcados lençóis.

Quantas vezes sobre o corpo virgem
                            e aberto
fechei-me enigmático
arrojando de mim a chave
e o prazer que não doei, porque confuso
caçador entre as presas da floresta
não sabia em que árvore deflorar o meu desejo.

Elas se abriam
e eu me engolia em musgo e pedra.
Elas bramiam
e eu me fechava em crua fala.
Elas despencavam dos táxis e relógios
e eu, solícito e mesquinho,
lhes acenava o paraíso
                – e me exilava.
Como portais de uma cidade mítica
                            – abandonada
estou seguro
que essas mulheres não sabiam do enigma que portavam,
embora se deixassem escavar por mim, falso arqueólogo,
explorador de minas infantis do subsolo.
Também eu não sabia do mistério que em suas carnes tateava.

Olhava-lhes as pernas rijas
<pre>   como as colunas que o cego Sansão
            na fúria derribava.</pre>
E aquelas coxas ali me sitiando
<pre>   muros quentes que eu ia penetrando</pre>
com a inconseqüência de um bárbaro-romano.

Hoje eu traria flores em vez de adagas.
Mas de que vale essa sabedoria pousando em mim, octogenário
Salomão ditando provérbios para um harém desabitado?

3 (Converso)

Entre todas
Deus
tem posto uma mulher no meu caminho
<pre>   – maravilhosa.</pre>

E foi preciso o teu amor, mulher,
maduro amor completo amor acima
de minha pequenez presente e minha solidez passada,
esse amor
<pre>   que me tocou quando dele mais eu carecia,
        porque da ilusória abundância
                        já me fatigava
        e no crepúsculo erguia a tenda e jejuava.</pre>

Foi preciso o teu amor, mulher, tu que partes
minha vida em duas e com a parte que povoas
dás sentido à deserta moradia.

Agora
que tenho em ti a face do meu corpo que em outros refletia,
poderia me voltar
<pre>   e recobrir as falhas dos amores mal-versados</pre>
e reinvestidos no teu rosto,

<pre>   que um amor apenas não te cobre
    sou pequeno demais, preciso do amor geral recuperado
    para a dimensão que tens, que é ilimitada,
    preciso da força de um amor avaro, desperdiçado,</pre>

e de um corpo que, em mim, seja maior que eu
para cobrir a dimensão que tens
                        somando os meus passados.

Entre meu corpo e o outro
                    havia a falha,
                          a ausência,
                                o abismo

a perdida unidade,
        a cicatriz no espelho
                e a solidão do não-achado.

Agora
        concentro-me inteiro
        na plenitude dupla desse corpo
        e desfiro, sem passagens, meu espanto
        e orgasmo no útero da eternidade.

MÔNICA

A morte
é algo que, de repente
                – não mais entendo.

Minha amiga clara,
sua voz mediterrânea,
o corpo ágil amando formas limpas geométricas,
hoje, me dizem:
            – não mais existe.

A caliça de sua casa quase árabe,
objetos luminosos, almofadas, quadros, livros, a pulseira
                                    [de prata
e aquela letra grega narrando-me o azul do mar Egeu,
        hoje, me dizem:
            – não mais existem.

A morte
é algo que, de repente
                – não mais aceito.

Aceitei-a antes
nos amigos afogados na infância,
nos colegas mortos de uniforme,
nos companheiros abatidos por um ideal de pátria,
nos primeiros destroços de aviões e carros,

nos primeiros suicídios no meu quarto,
nas primeiras devassas que ela, a morte,
trouxe-me levando-me o pai e a irmã.

De repente
não é a mãe que, condenada, resiste em sua cama,
não é a mulher que amo e permitirei jamais que morra.
De repente
é essa amiga simples, clara, transparente
que eu julgava eterna e necessária como a grega estátua.

E lá se me vai a alma em cacos.

A morte
é algo que, por instantes
                  – não admito
e por algum tempo jamais permitirei.

Acolhi-a antes
na literatura minha-e-alheia
tentando coabitar os cômodos da teoria
e exauri-la de antemão.
Agora, no entanto, tranquei
as portas da cidade e do meu ser. Se vir,
quando vier, me encontrará cerrado,
impenetrável. E eu a atingirei violento
                                  – antes que me abata.

E batalhando irado de tal modo escandalizarei as trevas
que ela, a morte, também se espantará
de um tão estúpido e impossível arrazoado.

Queimando suas sentenças se afastará
para sempre de meu corpo,
           de minha casa,
               do corpo da mulher que amo,

              das filhas e de toda a parentela,

                              enquanto eu
sobreviverei para sempre com quem amo
                              distante e opaco,

lembrando os amigos
        como essa amiga clara,
        sua voz mediterrânea,
        o corpo ágil amando formas limpas geométricas,
        que, hoje me dizem,
        não mais existe.

AS BELAS FERAS

Já me aconteceu mulheres lindas
desabarem inteiras em minha cama.

Aturdido, as recolhia com meu verde agrado,
gratificando em mim o carente adolescente,
recolhendo abraços de seus troncos, a solidão da boca
e o uso louco que faziam de meu corpo.

Já me aconteceu mulheres feias
– dessas que o homem tem e oculta sempre
desembestarem sôfregas em meus braços
como se fossem as mais belas feras:

se achegavam à minha cama como a anta
manca e arredia e, súbito, se alçavam numa esgalga potranca,
e a que era a gata parda desatava pulos de pantera,
e a que tinha tíbias finas de pernalta se convertia
na gazela tensa em gozo na mais alta penedia,
e a gorda ursa era uma lépida tigresa,
e a lerda dromedária a alegre zebra na savana.

Não posso me orgulhar. Não era eu que as transformava
num toque de Proteu moderno. Algo mais fundo
de si mesmas retiravam, como num conto
em que a bruxa explodisse os contornos de seu corpo
e em fada se encantasse.

O que havia de inseto nelas se entreabria
em patas e antenas, numa flor semimovente
e eu me punha a observá-las espantado
com as lentes de um zoólogo aturdido.

– Como pode uma toupeira
tecer a maciez do arminho?

– E a capivara ter a ligeireza da garça
e alçar-se em vôo sobre as dobras do meu linho?

– Como pode a esquiva foca
com o lerdo dorso e a boca imprópria
abocanhar com presa ágil
intenso gozo no meu corpo?

– Como pode uma baleia converter-se em bailarina
e enovelar-se inteira nos meus braços
com a transparência de uma água-viva
no envolvente aquário?

Muito me comovem essas feras, mais que as belas,
a mim que já fui feio, índio
residente na floresta disfarçado, envergonhado
ora da pata e do cabelo, ora do chifre e do nariz,
ora da pele e da invisível cicatriz sob o meu pêlo?

Me aconteceu mulheres lindas e mulheres feias
trocarem de atributos no meu leito. Já nem mais sei
dos meus prescritos preceitos ou se há conselhos a dar
quando se ama. Só sei que me esqueço de tudo
quando diante delas me desnudo
                              – no zoológico da cama.

LIMITAÇÕES DO FLERTE

Que fim levaram aquelas
que flertamos nos bares,
esquinas e aeroportos?
Não aquelas que levamos
ao restaurante, parques

e camas, mas aquelas tocadas
num leve aceno, de longe,
corpo fluindo e morrendo
na ponte aérea do instante.

Mas por que pensar nas distantes
que nem tocamos na mão ou fronte?
Preferimos jogar com a ausente?
É essa a nossa concreta fonte?
Como se vê, não adianta, não se aprende.
A gente aqui pensando nas que flertamos
de leve, em dois minutos intensos,
entre um sorriso e o gesto frustro,
enquanto, perto, pisamos brutos
o calcanhar da que está junto,
ou pulamos na jugular
da que nos cobre de frutos,
olhando por sobre os muros
as que ondeiam seus bustos
sobre a linha do horizonte.

– Amar com os olhos é mais fácil
e anônimo? – É mais fútil? É declarar
por telefone, apenas com um fio
de voz que enrosca os corpos e mentes,
ou melhor, numa vaga prolação, sem dormente
ou trilho que leve o trem-passageiro
ao outro corpo-estação.

Mas como é vegetativo esse amar plantado,
esgalhando o olhar furtivamente. A isso,
prefiro carnívoras plantas que se abraçam
e num sufoco se esmigalham deixando ao chão
sementes em que piso, convertendo a morte havida
em refluir de raízes.
Flertar é texto-antigo, é bordar caligrafias
quando há guerra e telegramas. Flertar é prefácio
e eu quero logo desfolhar o livro. Flertar é usar binóculos
devastando camarotes oblíquos
quando o drama está no palco
                    – e em nossos corpos aflitos.

Amar assim tão voyeurista, é tão perverso
como amar só por carta, com a caneta em riste e triste,
é pior que conhecer estrela só na foto,
é apenas vê-la de luneta, correr atrás de um cometa.
É chamar a fêmea sem macho
na pradaria. E cear ante um retrato
e uma cadeira vazia.

Isto de amar de longe, só com os olhos,
não é sequer ir à caça. É ir a exposição
de animal de raça. E ver decoração em loja,
olhar por trás da vitrina um feriado que passa.

É coisa de telegrafista ou coisa de mau amador
de rádio, ouvindo só os ruídos
do outro lado da antena e cama.
Não é tocar de ouvido partitura desconhecida.
O músico, nisso, é o contrário, vai mais fundo
pois pega com as mãos e arpeja
a música com os dedos.

E eu tenho essa mania de amar como o invasor
pulando os muros de Roma, como o astronauta
se acolchoando na câmara, como o casulo
se entretecendo no claro-e-escuro,
enfim, como a gavinha da barroca parreira
crescendo a sede das vinhas.

Um amar estabanado, como a criança quebrando
o delicado brinquedo e derramando a alma
dos bichos sobre o tapete do medo.

Comigo é assim:

> ficar olhando não basta. Vou logo
> precipitando borrasca e estrela.
> Que se cuide o olhar alheio quando
> olho com o corpo inteiro, porque alojo fácil,
> peço café e pijama, e fico pastando
> com esse olhar de boi manso
> no breve espaço da cama.

CEIA DOS ANOS

Aos quarenta
descubro o prazer oral
da comida de que, bem ou mal,
                – se alimenta o escriba.
Uma cena de Visconti ou filme italiano
da época: vinho, copos de cristal
toalha branca
                – e lá me vem o paladar em gotas.
Canibal, Luiz XIV, XV, XVI, solar,
lunático no céu da boca
sorvendo as filigranas da corte
como se numa adega reinol,
como se um camponês europeu
com o pão fresco presunto e queijo
na rústica tábua com o vinho.
Dentro em mim há um medievo
castelão, um cruzado
que retorna, joga a armadura ao chão,
se encharca de vinho e pão na mesa dura
religiosamente. Pagãmente
como nos panos da cama o cardeal
deflora a noviça mais viçosa do convento
e conserva na face o despudor vermelho
                              – de uma mística ereção.

POEMA TIRADO DE UMA ENCICLOPÉDIA DE DEMONOLOGIA

    Quero saber o que é *súcubo*.
    O dicionário responde: *súcubo*
    é o diabo em forma de mulher,
    – e embora seja feminina
    tal palavra, em sua forma
    latina, é masculina.

    Com tal ambigüidade
    o discurso do sexo
    cresce e se intumesce,

        e a teoria lingüística
        se enriquece. Isto
        se não se esquece que
        diferente dos anjos (eunucos)
        os demônios (astutos)
        não apenas têm sexo
        antes o têm duplo.

E já que a história é escrita por homens
sobre o corpo de escravos e mulheres,

e já que Deus é homem e é chamado apenas para apor seu nome no que decretam nas tábuas que vêm dos montes, *súcubo* – forma maligna feminina – tem atacado os mais santos e pais de família.

        Piccolo della Mirandola
        viu de perto um homem
        que dormiu 40 anos com um súcubo
        e nunca se arrependeu;
        instado a largar seu vício
        nas barras do Santo Ofício
        o homem se defendeu
        dizendo que em nome
        daquele súcubo sanhudo
        enfrentaria a morte e o suplício.

        Guazzo descreve um par
        de velhos a procurar aflitos
        um súcubo para o filho.
        E em Goblenz – aldeia junto ao Reno –
        um camponês foi compelido
        a amar um súcubo três vezes
        em frente da mulher e amigos
        até ser exaurido.

        Nos desertos
        não é diversa a situação.
        Girolano Gardana é testemunha
        que aí os santos sofreram
        as mais ímpias provações.
        Santo Antônio do Egito

acordou aos gritos
ao ver um súcubo despido
lançar-lhe pensamentos sujos.

Santo Atanásio e Hilário
– seu discípulo, tiveram
insônia impura
porque da areia do dia
surgiu, à noite, um bando
de mulheres
                – dançando nuas.

Os santos, naturalmente,
lutavam com fúria e fé
de um modo mais que viril.
Mas ficou registrado
que um – São Vitorino
                        – sucumbiu.

Os mais fortes revidavam
com pedras, pau e colher.
Santo Hipólito, furibundo,
atirou o hábito de monge
puro-e-imundo, sobre um súcubo
que súbito virou
                – cadáver de mulher.

E diz a crônica mundana
que até o Papa Silvestre II
teve estranha experiência
com o súcubo Meridiana.

Como se vê,
diabo e vampiro não se espanta só com alho
e a história do capeta é cheia de ato falho
e esconde na bainha do verso rimas eróticas
e pecaminosos detalhes.

E quem quiser entrar mais fundo na alcova desse assunto
não leia apenas o verbete *íncubo* – espécie de sinônimo
onde o diabo é o próprio homem,
veja de vez: – "relações sexuais com o demônio".

PATINHO FEIO

1

Neste país alheio
em que o transeunte olhar
                       evita
a cor de minha pele
e fingem não me ver mesmo se tropeço
ou piso a merda de seus cães,

neste país
          tenho ímpetos de bramir aflito,
que tenho mulher e filhos,
que em minha terra me querem
e meus amigos garantem que
                    não mordo,
                    não tenho pulgas,
                    ou, se as tivesse,
                    nem por isto seria pior
                    que vocês todos,
                    que sei,
                    têm bunda suja.

2

Se me perguntarem, não sei,
mas sinto que me olham como intruso.
Não sou desta república.

                Atravesso a rua em local certo,
                uso a roupa limpa, dou gorjetas,
                cedo lugar aos mais velhos.

Mas sinto que me abominam,
          como escuro patinho feio.

E eu voltando a sós pra casa,
a sós em frente ao espelho,
          o sexo a meio pau,
                    sorrindo triste,

numa recaída machista pensando
no que andam perdendo as brancaronas azedas
que por mim passam
com seu altivo desprezo.

Eu que há muito já fui preto,
agora sou um palestino, um marciano
                              inútil,
ou risível como um chinês
                    que as mulheres, se vêem,
                         fingem que é estatueta
ou cozinheiro de bordo
                    que nunca comeu buceta.

O ANÚNCIO E O AMOR

Uma vez na Alemanha
estando só e carente
me apaixonei por um *poster*
que via diariamente.
Loira mulher sorridente
de maiô, doirada e quente,
e eu ali, ao léu, no frio
passando na sua frente.

– Ai, amor! *meine Lieben! Fraulein!* diaba ardente!
e ela se abrindo em pernas e dentes,
se anunciando nas ruas a se vender
publicamente.

Eu, todas as tardes, num olho a olho
(o corpo ausente) desfilava rente ao muro
meu desejo adolescente.

– Sou um Romeu pervertido?
– Em que é diferente esse amor
daquele amor voyeurista
de quem ama nos museus
um quadro na sua frente?

– É melhor amar banhistas
de Degas e Cèzanne? a Maya
Desnuda de Goya? a Grande Odalisca
de Ingres? a Olympia de Manet?
– Seria melhor amar sentado
e silente nas salas frias
vendo escorrer nos olhos tristes
as tintas de antigamente?

– Alucinei? tenho febre?
estou tomando gato por lebre?
Já amei modelos nus, atrizes mortas,
fotos de revistas, mas nunca cartaz de rua.
A que ponto chega um homem urbano
posto ante um *poster* moderno?

– Seria melhor entrar na *porno-shop* defronte
e pedir urgente uma mulher mais prática
de borracha intumescente?
– Melhor seria ser um pastor
com suas cabras no monte?
– Ou um romântico estudante diante
das heroínas e cartas
de sua amante?
– Amariam Petrarca e Dante
um anúncio de Coca-Cola?
– Comporiam Anacreonte e Safo
uma erótica ode à garota
de maiô da polaróide?

E eu ali solitário comprado
ou vendido inteiramente
oferecendo a varejo e atacado
meu vão amor estocado.

Eis senão quando
tudo muda de repente:
me tiram o cartaz da rua,
me deixam, passante pasmo,
diante do vago e escuro
como planta trepadeira

a quem sonegam seu muro.
Tal a vida, tal o mundo.
Nem mesmo a ilusão dos olhos
a indústria permite à gente.
Querem que eu ame agora
um anúncio de detergente.

E já frustrado cliente
e biodegradado amante
contemplo a espuma da tarde
e vejo que meu amor
                se esvai em pó
                          comercialmente.

ARTE-FINAL

Não basta um grande amor
                para fazer poemas.
E o amor dos artistas, não se enganem,
não é mais belo
                que o amor da gente.

O grande amante é aquele que silente
se aplica a escrever com o corpo
o que seu corpo deseja e sente.

Uma coisa é a letra,
e outra o ato,

        – quem toma uma por outra
        confunde e mente.

A NÃO-HISTÓRIA

A gente aí se espremendo, se escrevendo
para aparecer na borra dos séculos
enquanto a história
                – faz vista grossa.

Não basta chegar ao trono e ao livro
para ter seu nome a salvo:

§ entre os anos 180 e 230 de nossa era o Império
[Romano teve 25 imperadores, dos quais, pelo
[menos, 16 assassinados.

– Quem hoje se lembra de seus nomes,
quando, por que e *como* morreram
se com veneno ou adaga?

– É neste verbete do compêndio frio
que deu o sonho de tantos
                      falando em nome do povo?

– O que tem a prata limpa
a ver com o suor colonial?

– É nessa borra de cozinha
que deu o cafezal?

– É deste bagaço de cana
que vem o açúcar cristal?

– Quantos soldados na medalha
de um general? quanto remorso
e logro no verso mais banal?
quanto esquecimento concretado
no monumento nacional?

   § o séc. V na Grécia deu generais famosos: Aristides,
   [Leônidas, Temístocles, e um número infindo de
   [anônimos filósofos, soldados, camponeses e
   [poetas. No entanto, é conhecido como "o século
   [de Péricles", que governou só 15 anos.

Espremendo lágrima, arma, tijolo e trigo,
condensando vários séculos num parágrafo
como as máquinas que prensam carros velhos
fica mais fácil ler a lombada da história.

A galáxia se formou há muitos bilhões de anos,
mas com ligeireza olímpica
               saltamos períodos pré e pós-diluvianos,
e do mesozóico ao paleozóico abrimos mão dos dinossauros,
que não cabem em suas covas e ficam com seus fêmures

espetados à luz dos astros.
No entanto,
convites nos chegam para inauguração de pontes e desfiles,
para noites de autógrafos com *drinks* e revoluções literárias
nos aquários secos da Atlântida.
– Teria havido entre o oligoceno e o pleistoceno
o lançamento de algum livro de poemas? Que escultores
vanguardistas inovaram o gesso adâmico
entre o calcolítico e o neolítico cerâmico?

Os jornais, como sempre, querem ser minuciosos:

> § ontem às 14h30 o operário Winston Churchill,
> [87 anos, pardo, solteiro, caiu de um andaime da
> [Torre de Londres, morrendo instantaneamente e
> [deixando viúva e 11 filhos nas margens do Tâmisa;

> § o operário Júlio César foi esfaqueado por um bando
> [de senadores no bar em que sempre se reuniam,
> [depois de terem cantado um samba à democracia.

– Quantos sobrevivem
em cada Tebas destruída
ou Jerusalém derribada?
– Quantos se salvaram como Lope de Vega
daquela Invencível Armada naufragada?
– Quantos embarcam e morrem
na Invencível Armada dos textos?
– Quantos os vencidos textos naufragados
apesar de bem-armados?

Os poetas na China passavam a vida sobraçando pesados
[ideogramas,
mas também morriam aos montes como vespas. Mais que
[poetas,
pareciam cantáridas, gafanhotos,
qualquer tipo guerrilheiro de praga,
que lançam seus corpos sobre as covas da esperança
para que nossos tanques passem com suas lagartas de morte.
E se notícia temos de alguns deles, é uma meia dúzia de versos

e a referência a uma dinastia e a um rei atroz
                    – que decidia sua sorte.

Olho o meu tempo: o César, o Kaiser, o Czar
continuam a alçar o polegar sobre a arena
e estou metade na arquibancada
                    metade no céu da boca da fera.

Há 15 anos que generais mongóis saqueiam minha vida
e envenenam a água dos jornais. Durante vários séculos
saquearam os sonhos de meu pai. Sei que isto não é nada

pois desde o paleolítico que os industriais e abutres
almoçam o fígado dos pobres.

O estudioso, quando muito, ousa dizer:
    § entre o séc. V e o VII foi escrito o *Coena Cypriani*
    [– e nada mais sabemos, nem do autor, nem do que
    [gerou a dor do manuscrito e sua ironia agreste.

Catar pedaços de textos, ladrilhos, ossos e erros
como Von Martius e Humboldt coligindo espécies raras
                    [na Amazônia.
Computada a espécie
                    podemos deixar morrer a raça e a caça.
Já temos o desenho, a foto ou qualquer forma de memória
que é o que interessa aos tomos de uma enciclopédia nova.
É como se catássemos gravetos nos aquecendo com o fogo
    dos nomes e adormecêssemos
                    pensando que as brasas afastam
                    – o esquecimento e as feras.

Se fosse haver futuro e se ainda houvesse história
eu poderia mandar mensagens como fazem os esquimós do
                    [Alasca,
que saem e deixam sobre a porta da casa um pictograma
mostrando para onde foram
alimentar sua fome.

– Salva-se alguém
            simplesmente
porque seu nome sobrenada no Mar Morto

| 333

e sua fama é temperada pelo sal dos textos
enquanto os outros se afogam no anonimato dos anos?

Homero, Shakespeare, Cervantes, Virgílio, Camões e Dante
não são nomes, são copadas faias, bosques e frondosas
[árvores
onde minha alma descansa e anseia ser pastoreada.

Mas eles bem podem ser queimados, virar deserto e ruína
[calcinada
como a floresta amazônica
                      sem deixar qualquer sinal
                      neste século da bomba.

MAL DE VISTA

Tendo se alterado
meu modo de ver as coisas
vou ao oculista que, científico, me diz:
                      – vista cansada.

De fato não vejo perto
as coisas que antes via.
– O que teria eu tanto visto
ou de tão grave descoberto
que levando-me a retina
me deixasse o gasto espanto
nos olhos boquiabertos?

Estranho. Cansada a vista
e, no entanto, enxergando longe
como se além de caminhar pra foz,
voltasse à fonte.

Tomo nas mãos as lentes
que fazem entardecer os olhos
desse velho adolescente. Enfim

        pareço escritor
        com ar sério, decadente,

        e não mais o atleta com o suor
        do bíceps e o riso cheio de dentes.

– Teriam-me as pupilas se cansado
do presente e se ocultado
pra sempre no passado?

– Queimei os olhos à luz da vela
como um santo anacoreta?
– Perdi a colheita dos campos
retido na palha do instante?

Menino, me diziam: tens o olho
maior que tua barriga, e com as pupilas
eu comia alhos e bugalhos
e não me satisfazia.

– Posso assim avariado
continuar impertinente esse comércio
de olho por olho, enquanto
não me levam os dentes?

Tirar e botar os óculos
como o balconista suas frutas,
como a galinha seus ovos
e a roupa, a prostituta.

– Quando comecei a afastar os textos
para enxergá-los mais perto?
ou comecei a desver fora
para enxergar-me por dentro?
quando primeiro tropecei
nas etiquetas e partidos
e cumprimentei o inimigo
com o coração entreaberto?

– Daltônico confesso, quando foi
que na aquarela dos morros
confundi o desespero vermelho das favelas
com o amarelo louco de Van Gogh?

Óculos. Armação de osso e plástico.
Aparelho ou camelo

em cujo lombo viajo
descobrindo no deserto
o que é areia e miragem.

Óculos. Casco de tartaruga
desovando imagens novas
nas margens duplas do tempo,
nas rugas fundas dos olhos.

Agora talvez entenda o que tanto lêem
nas suas cartas as figuras luminosas das pinturas dos
[flamengos.
Assim armado talvez descubra a interna dança
que o biologista vê na pululante matéria
e a transparência da lâmina que atravessa o povo
manchada de esperança e sangue.

Um dia
     volto ao oculista
com a vista mais pervertida
desabando cataratas
          que energia já não podem.
Como um cego Galileu, que já não se comove,
abro mão da luneta, quebro o microscópio na mesa
convencido que a história dos homens e dos astros
independe de meus olhos
          – e por si mesma se move.

O HOMEM E O LIVRO

1

Deixando a sala acesa, aberto o livro,
venho para a clara noite escura.

– Quantas horas gastei sobre essas letras?
  enquanto lá em cima se inscrevia o tempo
  no inalcançável sentido dos cometas?

Uma por uma as estrelas me iluminam e me sufocam.

Eu pareço uma traça
        fazendo furos pelas páginas e trevas
        para chegar ao branco céu
               – inscrito no papel.

– Quantas manhãs perdidas
        e dessangrados crepúsculos no mar!

– Quanto tempo esvaído
        com os olhos na mesa, no livro, na escrita
me furando ao sol da pele,
    à luz das montanhas,
    à vida se escoando entre insetos
    e águas na ramagem,
    sem que, na sala,
    corpos e objetos dialogassem.

Sem que meu corpo e outros se tocassem,
sem que o corpo de si mesmo se apercebesse,
só esta cabeça
        – férvida cratera
derramando lavas frias de um vulcão boquiaberto.

2

Sempre invejei a pedra,
        a água
            as árvores,
                as coisas
                    sobre o tempo.

Estáticas umas,
alheias outras,

    sorvendo interna-dura-e-eternamente
    a sua passiva/idade,
            enquanto os homens

brotam cogumelos nas peles carcomidas,
mineram seus pesadelos com a garganta ressequida,
desfolham rubra angústia e se esboroam num árido gemido

Formigas não escrevem poemas para se salvar no tempo.
Por isto as esmagamos com os passos, iguais àqueles
com que nos esmagam os deuses, alheios
aos versos que escrevemos contra a morte na parede.

Não posso dizer que não tenha visto o mundo:
a sua sordidez,
               as flores da manhã,
                             o estonteante entardecer,
alguns dos mais belos corpos do meu tempo,
alguns dos mais nobres gestos sem história.

Mas às vezes
          invejo
               aquele homem de mármore
                   talhado no terno branco,

que só
     na mesa
          toda tarde
               sorve sua cerveja
               como um artesão
               ante sua obra,

               alheio ao caos da rua,
               alheio ao caos do bar,

               e alheio ao caos urbano
               que nos devora a urbe e o orbe.

3

E noite adentro abro livros de poesias
e pasmo e sôfrego, deslumbrado:
– esses que ontem (me) escreviam, mortos!
– esses ignorantes antigos,
como sabiam das coisas!

Já nem me refiro a Empédocles escolhendo
a morte num vulcão
ou à invejável intuição de Spartacus
conduzindo milhões de escravos na guerra da libertação.

Olho naquele canto ali
>   – os mestres mineiros
>   e a fina pedra de toque da ironia.

A grande poesia desce as montanhas de Minas:

Murilo, Rosa e Drummond
– meus despenseiros –
abastecem-me de eternidade.

AS CARTAS DE MÁRIO DE ANDRADE

para Otto Lara Rezende, que responde

Mário de Andrade:
>   não posso chamar-te amigo.
>   Nunca trocamos cartas
>   ou um aperto de mão.
>   Mal aprendia a cartilha
>   em Minas
>   > – e em São Paulo, morrias.
>
>   Morrias sem deixar epístola
>   ou sermão para o adolescente
>   que carente padecia
>   como outros provincianos
>   vendo que repartias
>   tuas cartas, como um messias
>   a escrita da comunhão.
>
>   Não ter te conhecido
>   é estar despido e mendigo
>   e ver prosperar no umbigo
>   a indústria da própria fome.
>   Não ter te conhecido
>   é ter perdido o melhor filme,
>   derramar o melhor prato,
>   chegar tarde ao teatro,
>   abrir a porta de casa
>   e ver um morto no quarto.
>   Não ter te conhecido

é ter vivido no exílio
de tua literatura,
confere com ter nascido
em tempos de ditadura.

Meço a minha tristeza:
que grande autor em ti perderam
a literatura alemã
              – e a francesa,
que voraz leitor em mim perderam
tuas cartas
              – jamais saídas da mesa.

– A que horas escrevia esse homem?
No teclado do piano?
enquanto esperava o bonde?
na moldura futurista?
na canoa do sertão?
no lombo brabo do dia?
no fino talher dos Prado?
na entulhada escrivaninha?

Os homens comprando ações
– e ele escrevendo cartas.
Os homens comprando terras
– e ele escrevendo cartas.
A Bolsa e o tremendo craque
– e ele escrevendo cartas.

Boto jarras na janela,
exponho toalhas, tapetes,
enquanto na rua passa
                       – a procissão
dos missivistas de Mário.

Os mais velhos causam inveja
e exibem nacos de cartas,
conselhos do Grande Irmão.

– O que fazem, hoje, na manhã,
sem cartas
                os destinatários

de Mário?
– Tornam-se melhores?
– Ou se quedaram avaros?

– Teria o correio literário
nacional se pervertido
após a morte de Mário?

– Ou acabaram os escribas
missivistas-missionários?

Como nunca me escreveste
me espicho no ombro alheio
lendo as cartas que expedias
para mil correspondentes:

provincianos brasileiros,
argentinos e uruguaios,
europeus e americanos,
talvez algum asiático
e, quem sabe? alguém em Marte?

Lá vou eu, órfão
              – não do morto,
de vivos destinatários.
Aqueles que mal respondem
antes de mim se escondem
num envelope de evasivas.

Mas que bobagem a minha
querer ser amigo de quem
só era amigo de Mário,
derramando em seu correio
minha escrita perdulária,
tentando suprir com eles
o meu falto epistolário.

– Escreviam eles cartas
que dissessem algo a Mário?

– Ou eram só um pretexto
de espertos correspondentes

coletando selos raros
que expõem no frio armário?

Penso o que se perdeu
nessa não-correspondência,
naqueles que como eu
ficaram acenando cartas
depois
        que o trem de Mário partiu.

Pior que mau aluno, discípulo
desperdiçado, bato com a burra
cabeça, não na lombada dos livros
– na caixa postal fechada.

Mas por compulsão escrevo
quer tenha resposta ou não,
há muito que correspondo
com meu próprio imaginário.

Não foi de jeito. Não tive
o mestre que merecia. Sem guia
não sendo Dante, fico num canto
da sala olhando a estante
por entre as frestas dos livros
na espera que de repente
encontre a carta perdida.

Ah, eu bem conheço
esse logro e outros jogos
de cartas frias no espelho,
onde narciso reflete
as cicatrizes e medos.

Já esperei cartas como um suicida
vendo vazar a vida
                insone
na espreita que a aurora surja
num envelope de surpresas
e no resgate da morte.

Já me prostrei no *hall,*

no portão, como um danado cão
ou ermitão
        – na espera de sinais.

Já esperei bondes, amantes,
prêmios, esperei Buda e Jesus Cristo
sozinho ao pé do monte.

E na madrugada alemã
após beber todo o Reno
num trago de solidão,
escrevo um poema-carta
para o amigo temporão.

Contemplo o branco envelope,
o irrespondível endereço
lá da Rua Lopes Chaves.
Fingindo amizade imensa
invento o pai, o amigo, o irmão
e envio cartas tardias
que um carteiro preguiçoso
jogará em qualquer rio.

P. S.

Aquele que escreve cartas
não apenas cola selos
num envelope de nuvens
lançado sobre o horizonte.
Espera que quem recebe
saiba ler na linha d'água
a sede do eterno instante
e jorre afeto e resposta
num diálogo de fontes.

POEMA *MANQUÉ*

Poeta *manqué*
        algumas vezes pressenti
        poderia ser o melhor poeta da aldeia:

o vento nas barbas
o amassado chapéu camponês
                – eu, guerreiro entre rochedos
ou ator, um Kirk Douglas fingindo-se
de *viking* a bramir:
                Odin! Odin! Odin!

e Odin, nada.

Um Walt Whitman tropical ou um Pessoa primitivo
repetindo aos quatro ventos
     o mistério-das-mesmas-sem-sabor-eternas-coisas.
Ou, então,
     um Velho do Restelo a reunir vadios numa praça
     em São Luís ou Marrakech
                – e a distrair a curiosa meninada.

Poeta *manqué,* no entanto,
                resisto à sineta da poesia
                quando da mesa ela chama,

                e finjo que estou dormindo
                quando ela me invade a cama,

                e saio para os jantares
                se por jejum ela clama,

                e não apago a razão
                quando por dentro ela inflama.

Quando jovem, afoito e aflito
escrevi um poema aos poemas
que ainda não tinha escrito.

Era o desespero da espera e a certeza
que como passageiro de pára-quedas
tais versos me saltariam à vista.

Hoje, maduro, confiro
no presente texto dado
o ausente futurado
que nunca escreviverei.

Esse poeta frustro
            – o melhor poeta
                     dessa aldeia que habitei
                              dentro de mim

        não é melhor
        que o melhor amante que julguei ser
        – e certamente não fui.

No entanto, pensei, sabia seduzir
o corpo amado e sempre pude separar
do trigo
        – o verso errado.

Não fui mestre bastante
para fazê-los perfeitos
                porque

ainda que mais-que-perfeitos os quisera
imperfeitos sabiam ser.

Não fui avaro o bastante na madrugada
para levar o melhor fruto ao mercado,
nem o robusto ferreiro com o fero verso afiado,
nem cheguei a crescer tanto na selva
                              que ao cair

abrisse a clareira de um feriado.

– Quem é o melhor de nós?
                já não é mais um problema que me tange.
                Posso rimar lua com alfanje
                ou tomar banhos no Ganges
                          – como uma rês do rebanho.

Também não mais concorro
no festival dos mais sórdidos,
nem saio por aí correndo com um saltério
a me inscrever no coral de arcanjos.

Aqui estou, poeta frustro e *manqué*
abrindo mão de seus truques
                            – sem mesmo saber por quê.

OS POEMAS QUE NÃO TENHO ESCRITO

Os poemas que não tenho escrito
                            porque

trabalhando num banco me interrompiam a toda hora
ou tinha que ir à venda e à horta
            – quando o poema batia à porta,

os poemas que não tenho escrito
                            por temer
descer mais fundo no escuro de minhas grotas
e preferir os jogos florais
               de uma verdade que brota inócua,

os poemas que não tenho escrito
                            porque
meu dia está repleto de alô como vai volte sempre obrigado
e eu tenho que explicar na escola o verso alheio
quando era a mim próprio
                        que eu me devia explicado,
os poemas que não tenho escrito
                          porque gritam
ou cochicham ao meu lado
             ligam máquinas tocam disco e ambulâncias
passam carros de bombeiro e aniversários de criança
                  e até mesmo a natureza solerte
se infiltra entre o papel e o lápis
                 inutilizando com sua presença viva
                 minha escrita natimorta,

os poemas que não tenho escrito
                          porque
na hora do sexo jogo tudo para o alto
e quando volto ao papel encontro telefonemas e prantos
a exigência de afetos, planos e reencontros
me deixando lasso o pênis e um remorso brando no lápis

esses poemas que não tenho escrito
como um ladrão escapando pelas frestas

ou covarde devorado por seus medos
                              e persas
esses poemas que não tenho escrito
                      esses poemas
estão lá dentro
           me espreitando
alguns já ressecados
                outros ressuscistando
outros me acudindo
              muitos me acenando
                        batendo à porta
                        – me arrombando
              me invadindo a sala
              com falas corretoras
              enciclopédias e planos

esses poemas estão lá dentro
                    latentes
                    me apertando
                    atando
                    sufocando
e qualquer dia me encontrarão
                    roxo e acuado
                    senão boiando e afogado
– numa sangria de versos desatada.

SOBRE O AUTOR

O nome de Affonso Romano de Sant'Anna surgiu nas principais publicações culturais do país em a partir de 1956, quando começou a participar dos movimentos culturais de vanguardas. Em 1965, lançou seu primeiro livro de poesias, *Canto e palavra*. Nesse mesmo ano, embora impedido pela ditadura de sair do país, foi lecionar na UCLA (Califórnia), onde ficou até 1967. Entre 1968 e 1969, participou do International Writing Program em Iowa (USA), dedicado a jovens escritores de todo o mundo. Neste último ano, defendeu a tese de doutoramento intulada *Carlos Drummond de Andrade, o poeta 'gauche' no tempo*, que mereceu quatro prêmios nacionais. Dirigiu o Departamento de Letras e Artes da PUC/RJ(1973-76), quando realizou uma série de encontros nacionais de escritores e críticos, trazendo ao Brasil personalidades como Michel Foucault.

Em 1984, foi convidado a substituir Drummond como cronista no *Jornal do Brasil*. No final da ditadura tornou-se ainda mais conhecido por estampar poemas nas páginas de política dos jornais e por produzir poemas para televisão e rádio. Nessa década, começou a participar de festivais internacionais de poesia: México, Israel, Quebec, Dublin, Medellín, Coimbra, etc. De 1990 a 1996, foi presidente da Biblioteca Nacional, sendo o responsável pela modernização tecnológica da instituição e por uma série de programas de alcance nacional e internacional. Criou o

Sistema Nacional de Bibliotecas, que reúne três mil instituições, o Programa de Promoção da Leitura (Proler) e o programa Uma Biblioteca em Cada Município. Entre 1995 e 1996, foi secretário-geral da Associação das Bibliotecas Nacionais Ibero-Americanas e, entre 1993 e 1995, presidente do conselho do Centro Regional para o Fomento do Livro na América Latina e no Caribe (Cerlalc).

Lecionou na UFMG, na PUC-RJ, na UFRJ e, no exterior, deu cursos em universidades de Los Angeles (1965-1967), do Texas (1976), de Colônia (1978) e de Aix-en-Provence (1980-1982). Foi bolsista das fundações Guggenheim, Ford e Gulbenkian; em 1999, esteve em Bellagio, Itália, a convite da Fundação Rockefeller, para ultimar seu livro *Textamentos* e pesquisar sobre carnavalização e cultura. Ao longo dos anos, publicou cerca de 30 livros de ensaios, poesia e crônica, e seus poemas estão em dezenas de antologias, livros e revistas no exterior. Em 1990, foi considerado pela revista *Imprensa* como um dos dez jornalistas que mais influenciaram a opinião pública brasileira.

Obras do autor:

Poesia
Canto e palavra. Imprensa Oficial de Minas Gerais, 1965.
Poesia sobre poesia. Imago, 1975.
A grande fala do índio guarani. Summus, 1978.
Que país é este? Rocco, 1980.
A catedral de Colônia e outros poemas. Rocco, 1984.
A poesia possível (poesia reunida). Rocco, 1987.

A morte da baleia. Berlendis & Vertecchia, 1990.
O lado esquerdo do meu peito. Rocco, 1992.
Melhores poemas de Affonso Romano de Sant'Anna. Global, 1993.
Epitáfio para o século XX (antologia). Ediouro, 1997.
A grande fala e Catedral de Colônia (edição comemorativa). Rocco, 1998.
O intervalo amoroso (antologia). L&PM, 1999.
Textamentos. Rocco, 1999.

Ensaio
O desemprego do poeta. UFMG, 1962.
Por um novo conceito de literatura brasileira. Eldorado, 1977.
Política e paixão. Rocco, 1984.
Paródia, paráfrase & cia. Ática, 1985.
Como se faz literatura. Vozes, 1985.
Análise estrutural de romances brasileiros. Ática, 1989.
Drummond, o "gauche" no tempo. Record, 1990.
O canibalismo amoroso. Rocco, 1990.
Agosto, 1991: estávamos em Moscou (com Marina Colasanti). Melhoramentos, 1991.
Émeric Marcier. Pinakoteke, 1993.
O que aprendemos até agora? Edutifa, 1984; Universidade de Santa Catarina, 1994.
Música popular e moderna poesia brasileira. Vozes, 1997.
Barroco, a alma do Brasil. Comunicação Máxima/Bradesco, 1997.
A sedução da palavra. Letraviva, 2000.
Barroco, do quadrado à elipse. Rocco, 2000.
Desconstruir Duchamp. Vieira & Lent, 2003.
Que fazer de Ezra Pound. Imago, 2003.

Crônica
A mulher madura. Rocco, 1986.
O homem que conheceu o amor. Rocco, 1988.

A raiz quadrada do absurdo. Rocco, 1989.
De que ri a Mona Lisa. Rocco, 1991.
Fizemos bem em resistir (antologia). Rocco, 1994.
Mistérios gozosos. Rocco, 1994.
Porta de colégio (antologia). Ática, 1995.
A vida por viver. Rocco, 1997.
Que presente te dar (antologia). Expressão e cultura, 2001.
Pequenas seduções (antologia). Sulina, 2002.
Nós, os que matamos Tim Lopes. Expressão e cultura, 2002.

Coleção **L&PM** POCKET

1. Catálogo geral da Coleção
2. Poesias – Fernando Pessoa
3. O livro dos sonetos – org. Sergio Faraco
4. Hamlet – Shakespeare/ trad. Millôr
5. Isadora, fragmentos autobiográficos – Isadora Duncan
6. Histórias sicilianas – G. Lampedusa
7. O relato de Arthur Gordon Pym – Edgar A. Poe
8. A mulher mais linda da cidade – Bukowski
9. O fim de Montezuma – Hernan Cortez
10. A ninfomania – D. T. Bienville
11. As aventuras de Robinson Crusoé – Daniel Defoe
12. Histórias de amor – A. Bioy Casares
13. Armadilha mortal – Roberto Arlt
14. Contos de fantasmas – Daniel Defoe
15. Os pintores cubistas – G. Apollinaire
16. A morte de Ivan Ilitch – L. Tolstoi
17. A desobediência civil – D. H. Thoreau
18. Liberdade, liberdade – Flávio Rangel e Millôr Fernandes
19. Cem sonetos de amor – Pablo Neruda
20. Mulheres – Eduardo Galeano
21. Cartas a Théo – Van Gogh
22. Don Juan – Molière – Trad. Millôr Fernandes
24. Horla – Guy de Maupassant
25. O caso de Charles Dexter Ward – H. P. Lovecraft
26. Vathek – William Beckford
27. Hai-Kais – Millôr Fernandes
28. Adeus, minha adorada – Raymond Chandler
29. Cartas portuguesas – Mariana Alcoforado
30. A mensageira das violetas – Sonetos – Florbela Espanca
31. Espumas flutuantes – Castro Alves
32. Dom Casmurro – Machado de Assis
34. Alves & Cia. – Eça de Queiroz
35. Uma temporada no inferno – A. Rimbaud
36. A correspondência de Fradique Mendes – Eça de Queiroz
38. Antologia poética – Olavo Bilac
39. Rei Lear – W. Shakespeare – Trad. de Millôr Fernandes
40. Memórias póstumas de Brás Cubas – Machado de Assis
41. Que loucura! – Woody Allen
42. O duelo – Casanova
44. Gentidades – Darcy Ribeiro
45. Memórias de um Sarg. de Milícias – Manuel A. de Almeida
46. Os escravos – Castro Alves
47. O desejo pego pelo rabo – Pablo Picasso
48. Os inimigos – Máximo Gorki
49. O colar de veludo – Alexandre Dumas
50. Livro dos bichos – Vários
51. Quincas Borba – Machado de Assis
53. O exército de um homem só – Moacyr Scliar
54. Frankenstein – Mary Shelley
55. Dom Segundo Sombra – Ricardo Güiraldes
56. De vagões e vagabundos – Jack London
57. O homem bicentenário – Isaac Asimov
58. A viuvinha – José de Alencar
59. Livro das cortesias – Org. de Sergio Faraco
60. Últimos poemas – Pablo Neruda
61. A moreninha – Joaquim Manuel de Macedo
62. Cinco minutos – José de Alencar
63. Saber envelhecer e a amizade – Cícero
64. Enquanto a noite não chega – J. Guimarães
65. Tufão – Joseph Conrad
66. Aurélia – Gérard de Nerval
67. I-Juca-Pirama – Gonçalves Dias
68. Fábulas de Esopo
69. Teresa Filósofa – Anônimo do Séc. XVIII
70. Aventuras inéditas de Sherlock Holmes – A. C. Doyle
71. Antologia poética – Mario Quintana
72. Antes e depois – Paul Gauguin
73. A morte de Olivier Bécaille – Émile Zola
74. Iracema – José de Alencar
75. Iaiá Garcia – Machado de Assis
76. Utopia – Tomás Morus
77. Sonetos para amar o amor – Camões
78. Carmem – Prosper Mérimée
79. Senhora – José de Alencar
80. Hagar, o horrível 1 – Dik Browne
81. O coração das trevas – Joseph Conrad
82. Um estudo em vermelho – Conan Doyle
83. Todos os sonetos – Augusto dos Anjos
84. A propriedade é um roubo – P.-J. Proudhon
85. Drácula – Bram Stoker
86. O marido complacente – Sade
87. De profundis – Oscar Wilde
88. Sem plumas – Woody Allen
89. Os bruzundangas – Lima Barreto
90. O cão dos Baskervilles – Conan Doyle
91. Paraísos artificiais – Charles Baudelaire
92. Cândido, ou o otimismo – Voltaire
93. Triste fim de Policarpo Quaresma – Lima Barreto
94. Amor de perdição – Camilo Castelo Branco
95. Megera domada – Shakespeare/Millôr
96. O mulato – Aluísio Azevedo
97. O alienista – Machado de Assis
98. O livro dos sonhos – Jack Kerouac
99. Noite na taverna – Álvares de Azevedo
100. Aura – Carlos Fuentes

102. Contos gauchescos e lendas do sul – Simões Lopes Neto
103. O cortiço – Aluísio Azevedo
104. Marília de Dirceu – T. A. Gonzaga
105. O Primo Basílio – Eça de Queiroz
106. O ateneu – Raul Pompéia
107. Um escândalo na Boêmia – Conan Doyle
108. Contos – Machado de Assis
109. 200 Sonetos – Luis Vaz de Camões
110. O príncipe – Maquiavel
111. A escrava Isaura – Bernardo Guimarães
112. O solteirão nobre – Conan Doyle
114. Shakespeare de A a Z – W. Shakespeare
115. A relíquia – Eça de Queiroz
117. O livro do corpo – Vários
118. Lira dos 20 anos – Álvares de Azevedo
119. Esaú e Jacó – Machado de Assis
120. A barcarola – Pablo Neruda
121. Os conquistadores – Júlio Verne
122. Contos breves – G. Apollinaire
123. Taipi – Herman Melville
124. Livro dos desaforos – Org. de S. Faraco
125. A mão e a luva – Machado de Assis
126. Doutor Miragem – Moacyr Scliar
127. O penitente – Isaac B. Singer
128. Diários da descoberta da América – Cristóvão Colombo
129. Édipo Rei – Sófocles
130. Romeu e Julieta – William Shakespeare
131. Hollywood – Charles Bukowski
132. Billy the Kid – Pat Garrett
133. Cuca fundida – Woody Allen
134. O jogador – Dostoiévski
135. O livro da selva – Rudyard Kipling
136. O vale do terror – Conan Doyle
137. Dançar tango em Porto Alegre – S. Faraco
138. O gaúcho – Carlos Reverbel
139. A volta ao mundo em oitenta dias – J. Verne
140. O livro dos esnobes – W. M. Thackeray
141. Amor & morte em Poodle Springs – Raymond Chandler & R. Parker
142. As aventuras de David Balfour – Robert L. Stevenson
143. Alice no país das maravilhas – Lewis Carroll
144. A ressurreição – Machado de Assis
145. Inimigos, uma história de amor – I. Singer
146. O Guarani – José de Alencar
147. Cidade e as serras – Eça de Queiroz
148. Eu e outras poesias – Augusto dos Anjos
149. A mulher de trinta anos – Balzac
150. Pomba enamorada – Lygia F. Telles
151. Contos fluminenses – Machado de Assis
152. Antes de Adão – Jack London
153. Intervalo amoroso – Affonso Romano de Sant'Anna
154. Memorial de Aires – Machado de Assis
155. Naufrágios e comentários – Álvar Nuñes Cabeza de Vaca
156. Ubirajara – José de Alencar
157. Textos anarquistas – Bakunin
158. O pirotécnico Zacarias – Murilo Rubião
159. Amor de salvação – Camilo Castelo Branco
160. O gaúcho – José de Alencar
161. O Livro das maravilhas – Marco Polo
162. Inocência – Visconde de Taunay
163. Helena – Machado de Assis
164. Uma estação de amor – Horácio Quiroga
165. Poesia reunida – Martha Medeiros
166. Memórias de Sherlock Holmes – Sir Arthur Conan Doyle
167. A vida de Mozart – Stendhal
168. O primeiro terço – Neal Cassady
169. O mandarim – Eça de Queiroz
170. Um espinho de marfim – Marina Colasanti
171. A ilustre Casa de Ramires – Eça de Queiroz
172. Lucíola – José de Alencar
173. Antígona – Sófocles – trad. Donaldo Schüler
174. Otelo – William Shakespeare
175. Antologia – Gregório de Matos
176. A liberdade de imprensa – Karl Marx
177. Casa de pensão – Aluísio Azevedo
178. São Manuel Bueno, Mártir – Miguel de Unamuno
179. Primaveras – Casimiro de Abreu
180. O noviço – Martins Pena
181. O sertanejo – José de Alencar
182. Eurico, o presbítero – Alexandre Herculano
183. O signo dos quatro – Conan Doyle
184. Sete anos no Tibet – Heinrich Harrer
185. Vagamundo – Eduardo Galeano
186. De repente acidentes – Carl Solomon
187. As minas de Salomão – Rider Haggar
188. Uivo – Allen Ginsberg
189. A ciclista solitária – Conan Doyle
190. Os seis bustos de Napoleão – Sir Arthur Conan Doyle
191. Cortejo do divino – Nelida Piñon
192. Cassino Royale – Ian Fleming
193. Viva e deixe morrer – Ian Fleming
194. Os crimes do amor – Marques de Sade
195. Besame Mucho – Mário Prata
196. Tuareg – Alberto Vázquez-Figueroa
197. O longo adeus – Raymond Chandler
198. Os diamantes são eternos – Ian Fleming
199. Notas de um velho safado – C. Bukowski
200. 111 ais – Dalton Trevisan
201. O nariz – Nicolai Gogol
202. O capote – Nicolai Gogol
203. Macbeth – William Shakespeare
204. Heráclito – Donaldo Schüler
205. Você deve desistir, Osvaldo – Cyro Martins

206. Memórias de Garibaldi – A. Dumas
207. A arte da guerra – Sun Tzu
208. Fragmentos – Caio Fernando Abreu
209. Festa no castelo – Moacyr Scliar
210. O grande deflorador – Dalton Trevisan
211. Corto Maltese na Etiópia – Hugo Pratt
212. Homem do príncipio ao fim – Millôr Fernandes
213. Aline e seus dois namorados – Adão Iturrusgarai
214. A juba do leão – Sir Arthur Conan Doyle
215. Assassino metido a esperto – R. Chandler
216. Confissões de um comedor de ópio – Thomas De Quincey
217. Os sofrimentos do jovem Werther – J. Wolfgang Goethe
218. Fedra – Racine – Trad. Millôr Fernandes
219. O vampiro de Sussex – Conan Doyle
220. Sonho de uma noite de verão – Shakespeare
221. Dias e noites de amor e de guerra – Eduardo Galeano
222. O Profeta – Khalil Gibran
223. Flávia, cabeça, tronco e membros – Millôr Fernandes
224. Guia da ópera – Jeanne Suhamy
225. Macário – Álvares de Azevedo
226. Etiqueta na Prática – Celia Ribeiro
227. Manifesto do partido comunista – Marx & Engels
228. Poemas – Millôr Fernandes
229. Um inimigo do povo – Henrik Ibsen
230. O paraíso destruído – Frei Bartolomé de las Casas
231. O gato no escuro – Josué Guimarães
232. O mágico de Oz – L. Frank Baum
233. Armas no Cyrano's – Raymond Chandler
234. Max e os felinos – Moacyr Scliar
235. Nos céus de Paris – Alcy Cheuiche
236. Os bandoleiros – Schiller
237. A primeira coisa que eu botei na boca – Deonísio da Silva
238. As aventuras de Simbad, o marújo
239. O retrato de Dorian Gray – Oscar Wilde
240. A carteira de meu tio – J. Manuel de Macedo
241. A luneta mágica – J. Manuel de Macedo
242. A metamorfose – Kafka
243. A flecha de ouro – Joseph Conrad
244. A ilha do tesouro – R. L. Stevenson
245. Marx - Vida & Obra – José A. Giannotti
246. Gênesis
247. Unidos para sempre – Ruth Rendell
248. A arte de amar – Ovídio
249. O sono eterno – Raymond Chandler
250. Novas receitas do Anonymus Gourmet – J. A. Pinheiro Machado
251. A nova catacumba – Conan Doyle
252. O Dr. Negro – Sir Arthur Conan Doyle
253. Os voluntários – Moacyr Scliar
254. A bela adormecida – Irmãos Grimm
255. O príncipe sapo – Irmãos Grimm
256. Confissões e Memórias – H. Heine
257. Viva o Alegrete – Sergio Faraco
258. Vou estar esperando – R. Chandler
259. A senhora Beate e seu filho – Schnitzler
260. O ovo apunhalado – Caio Fernando Abreu
261. O ciclo das águas – Moacyr Scliar
262. Millôr Definitivo – Millôr Fernandes
263. O foguete da morte – Ian Fleming
264. Viagem ao centro da terra – Júlio Verne
265. A dama do lago – Raymond Chandler
266. Caninos brancos – Jack London
267. O médico e o monstro – R. L. Stevenson
268. A tempestade – William Shakespeare
269. Assassinatos na rua Morgue e outras histórias – Edgar Allan Poe
270. 99 corruíras nanicas – Dalton Trevisan
271. Broquéis – Cruz e Sousa
272. Mês de cães danados – Moacyr Scliar
273. Anarquistas – vol. 1 – A idéia – George Woodcock
274. Anarquistas – vol. 2 – O movimento – George Woodcock
275. Pai e filho, filho e pai – Moacyr Scliar
276. As aventuras de Tom Sawyer – Mark Twain
277. Muito barulho por nada – W. Shakespeare
278. Elogio à Loucura – Erasmo
279. A. Gourmet em Histórias de cama & mesa – J. A. Pinheiro Machado
280. O chamado da floresta – J. London
281. Uma agulha para o diabo – Ruth Rendell
282. Verdes vales do fim do mundo – A. Bivar
283. Ovelhas negras – Caio Fernando Abreu
284. O fantasma de Canterville – O. Wilde
285. Receitas de Yayá Ribeiro – Celia Ribeiro
286. A galinha degolada – H. Quiroga
287. O último adeus de Sherlock Holmes – Arthur Conan Doyle
288. A. Gourmet em Histórias de cama & mesa – J. A. Pinheiro Machado
289. Topless – Martha Medeiros
290. Mais receitas do Anonymus Gourmet – J. A. Pinheiro Machado
291. Origens do discurso democrático – Donaldo Schüler
292. Humor politicamente incorreto – Nani
293. O teatro do bem e do mal – E. Galeano
294. Garibaldi & Manoela – J. Guimarães
295. 10 dias que abalaram o mundo – John Reed
296. Numa fria – Charles Bukowski
297. Poesia de Florbela Espanca vol. 1
298. Poesia de Florbela Espanca vol. 2
299. Escreva certo – É. Oliveira e M. E. Bernd
300. O vermelho e o negro – Stendhal
301. Ecce homo – Friedrich Nietzsche

302. Comer bem, sem culpa – Dr. Fernando Lucchese, A. Gourmet e Iotti
303. O livro de Cesário Verde – Cesário Verde
304. O reino das cebolas – C. Moscovich
305. 100 receitas de macarrão – S. Lancellotti
306. 160 receitas de molhos – S. Lancellotti
307. 100 receitas light – H. e Â. Tonetto
308. 100 receitas de sobremesas – Celia Ribeiro
309. Mais de 100 dicas de churrasco – Leon Diziekaniak
310. 100 receitas de acompanhamentos – Carmem Cabeda
311. Honra ou vendetta – S. Lancellotti
312. A alma do homem sob o socialismo – Oscar Wilde
313. Tudo sobre Yôga – Mestre De Rose
314. Os varões assinalados – Tabajara Ruas
315. Édipo em Colono – Sófocles
316. Lisístrata – Aristófanes/ trad. Millôr
317. Sonhos de Bunker Hill – John Fante
318. Os deuses de Raquel – Moacyr Scliar
319. O colosso de Marússia – Henry Miller
320. As eruditas – Molière/ trad. Millôr
321. Radicci 1 – Iotti
322. Os Sete contra Tebas – Ésquilo
323. Brasil Terra à Vista – Eduardo Bueno
324. Radicci 2 – Iotti
325. Júlio César – William Shakespeare
326. A carta de Pero Vaz de Caminha
327. Cozinha Clássica – Sílvio Lancellotti
328. Madame Bovary – Gustave Flaubert
329. Dicionário do viajante insólito – M. Scliar
330. O capitão saiu para o almoço... – Bukowski
331. A carta roubada – Edgar Allan Poe
332. É tarde para saber – Josué Guimarães
333. O livro de bolso da Astrologia – Maggy Harrissonx e Mellina Li
334. 1933 foi um ano ruim – John Fante
335. 100 receitas de arroz – Aninha Comas
336. Guia prático do Português correto – Cláudio Moreno
337. Bartleby, o escriturário – H. Melville
338. Enterrem meu coração na curva do rio – Dee Brown
339. Um conto de Natal – Charles Dickens
340. Cozinha sem segredos – J. A. Pinheiro Machado
341. A dama das Camélias – A. Dumas Filho
342. Alimentação saudável – H. e Â. Tonetto
343. Continhos galantes – Dalton Trevisan
344. A Divina Comédia – Dante Alighieri
345. A Dupla Sertanojo – Santiago
346. Cavalos do amanhecer – Mario Arregui
347. Biografia de Vincent van Gogh por sua cunhada – Jo van Gogh-Bonger
348. Radicci 3 – Iotti
349. Nada de novo no front – Eric M. Remarque
350. A hora dos assassinos – Henry Miller
351. Flush - Memórias de um cão – Virginia Woolf
352. A guerra no Bom Fim – Moacyr Scliar
353 (1). O caso Saint-Fiacre – Simenon
354 (2). Morte na alta sociedade – Simenon
355 (3). O cão amarelo – Simenon
356 (4). Maigret e o homem do banco – Simenon
357. As uvas e o vento – Pablo Neruda
358. On the road – Jack Kerouac
359. O coração amarelo – Pablo Neruda
360. Livro das perguntas – Pablo Neruda
361. Noite de Reis – William Shakespeare
362. Manual de Ecologia – vol.1 – J. Lutzenberger
363. O mais longo dos dias – Cornelius Ryan
364. Foi bom prá você? – Nani
365. Crepusculário – Pablo Neruda
366. A comédia dos erros – Shakespeare
367 (5). A primeira investigação de Maigret – Simenon
368 (6). As férias de Maigret – Simenon
369. Mate-me por favor (vol.1) – Legs McNeil e Gillian MacCain
370. Mate-me por favor (vol.2) – Legs McNeil e Gillian MacCain
371. Carta ao pai – Kafka
372. Os Vagabundos iluminados – J. Kerouac
373 (7). O enforcado – Simenon
374 (8). A fúria de Maigret – Simenon
375. Vargas, uma biografia política – Hélio Silva
376. Poesia reunida (vol.1) – Affonso Romano de Sant'Anna
377. Poesia reunida (vol.2) – Affonso Romano de Sant'Anna
378. Alice no país do espelho – Lewis Carroll

Coleção **L&PM** POCKET / SAÚDE

1. Pílulas para viver melhor – Dr. Fernando Lucchese
2. Pílulas para prolongar a juventude – Dr. Fernando Lucchese
3. Desembarcando o Diabetes – Dr. Fernando Lucchese
4. Desembarcando o Sedentarismo – Dr. Fernando Lucchese e Cláudio Castro

IMPRESSÃO:

GRÁFICA EDITORA Pallotti
IMAGEM DE QUALIDADE

Santa Maria - RS - Fone/Fax: (55) 222.3050
www.pallotti.com.br
Com filmes fornecidos.